für
Kurt Spycher

härzlech:

D1669019

Heinz Stauffer
Itz oder geng

Heinz Stauffer

Itz oder geng

Bärndütschi Gschichte

Cosmos Verlag

Alle Rechte vorbehalten
© 1995 by Cosmos Verlag, CH-3074 Muri bei Bern
Lektorat: Roland Schärer
Umschlag: Stephan Bundi, Niederwangen/Bern
Satz und Druck: Schlaefli & Maurer, Interlaken
Einband: Schumacher AG, Schmitten
ISBN 3-305-00137-2

Inhalt

5

Bim Grossatt

Im Konservatorium

Nei, nid dr Herbert von Karajan, nid dr Pablo Casals, nid d Maria Callas oder weiss dr Gugger was für Künschtler hei mr a üsem Konservatorium gha.

Si hei angeri Näme treit – vil berüemteri, vor allem iiheimeschi, vertrouti: Löiebärger Mändu, dr Trumpeeter, Schär Chrigeli, dr Dirigänt, iig, dr Muugiiger, u natürlech nid z vergässen üsi grossartigi Sängere, ds Niderhüser Heidi. Äs isch scho i di füfti Klass gangen u het äbe nid nume normal chönne singe, sondern o jödele, ganz hööch ufe, dass es nume no gweisset u gweielet het. Ganz artig u gleitig isch si Schtimm vom ungere Ton ufe höchere Ton ghüpft. Ufenen Art u Wiis trällere het ds Heidi chönne. U ärdeschön pfiiffe zu dr Muugiige! Das het albe tönt wi im sibete Himel – oder no höcher obe.

Usgseh het ds Heidi o wi nes Ängeli: blaui Ouge, blondi Chruseli het's gha – u gügele het's chönne, dass es eim nid nume warm um ds Härz worden isch, sondern füürig heiss. Derzue het's topplet u dängelet, derewäg fescht, dass es ds Bluet regelrächt düre ganz Liib gjagt het u dr Chopf ganz rot aaglüffen isch.

Wäm si Chopf? Em Bänzli sine emel afe ganz beschtimmt...

Ja, üses Konservatorium! We mr das nid gha hätte! Mir hei ja o nid geng numen i d Schuel chönne, Ufgabe mache u de a vilne Freitage no im Pflanzblätz hälfe, tannzapfne, d Budigg vom Grossatt wüschen oder weiss dr Schinter was alls.

Woumäu, i üsem Konservatorium hei mr is de albe zgrächtem chönnen erhole u nöi wider uftanke, so dass mr all die Burdine, wo ds Alltagsläbe so mit sech bringt, besser hei möge tragen u präschtiere.

Eleini scho dr Wäg zum Konservatorium isch abwächsligsriich gsi. Är het dr Gürbe naa i Erlehof usegfüert. Un uf däm Wäg vom Dorf zum Musigschüürli het's scho allergattig Intressants un Erholsams gä z erläbe.

Da dervo wott iig itz nid verzelle, süsch git's wider e rote Chopf – dasmal nid wägem Heidi . . .

Apropo: Ds Konservatorium schteit no hüt, äben im Erlehof, änevür vo dr Gürbe. Nume isch's o i d Jahr cho – es heltet afe grüüseli uf d Site. Ja, scho dennzumale, wo mr is dert iighuset hei gha, isch's verlotteret u drum o läär gsi. Us Bachschteinen u Ladli vo dr Saagi, wo ja diräkt a üsem Wäg gsi isch, hei mr Bänkli gmacht u Tablar für di vilen Inschtrumänt. Dr Unggle vo Burzele – är isch denn Presidänt gsi vo dr Musiggsellschaft oder süsch so öppis Hööchs – är het is en alte Noteschtänder gschänkt. Dä het is als Dirigäntepult dienet. I bi übrigens nid dr einzig gsi, wo bim Hantiere mit däm Gschtellaschi d Finger iigchlemmt u gjaulet u gjammeret het dass nüt eso.

Dirigänteschtäcke?

Schär Chrigeli, dr Maestro, het sälber einen usem ne Haselschtruuch useghouen u zwäggschnäflet. E brave Chnebel isch's gsi, nid bloss so nes Zwiseli, wi's üse

Dirigänt vo dr Dorfmusig bruucht het für desume z fuchtle.

Nei, das het de albe gsuuset u bruuset dür d Luft, we Chrigeli het aafa dirigiere. Öppeneinisch isch's de o mit ihm düre – u dr Schtäcken isch uf disem oder äim Chopf oder Chnödli glandet, we nach zwänzg Probe geng no chatzfaltsch gschpilt worden isch.

Ds Heidi isch en Usnahm gsi, das verschteit sech von ihm sälber. Äs het o nie grad faltsch gsunge, emel scho gar nid äxtra. Un es Ängeli schlaat me sowiso nid ab; das het dr Dirigänt wohl gwüsst; är isch o us guetem Huus cho. Dr Vatter isch Wägmeischter gsi u d Muetter ganz e grossi: fasch e Meter nünzg gross – u dernäbe sogar no Lehrere...

Was Schär Chrigeli aber itz dringend bruucht hätti, wäre no chli meh Inschtrumänt gsi – he ja, süsch het's gar kes rächts Orcheschter ggä u me hätt sech de hinger u vore nid derfür gha, bim berüemte Trumpeeter, em Löiebärger Mändu, aazhosche. Zu paarne lääre Ravioli- u Ärbslibüchsenen u zu dr Muugiige schpilt dä garantiert sicher nid.

So hei mr is ganz ärnschthaft aafa Gedanke machen u Vorschleg sammle, uf welem Wäg dass mr no zu witere Musikantesache chönnte cho.

Wohl, chli öppis angers hei mr scho no gha. Zum Bischpiil ds Lüti vo Grossatts altem Militärgöppel, d Röschtipfanne us Muetters Chuchi u dr Lehreren ihri Blockflöte. Wie dass di Tütle i ds Konservatorium graten isch, das het mitem beschte Wille niemer chönne säge.

Bi dr Turnplatziiweihig – öppen es halbs Jahr nach dr Gründig vo üsem Konservatorium – da si mr alli derbi gsi, nid wägem Turnplatz, aber d Dorfmusig het gschpilt. U da hei mr äbe müessen en Ougeschiin näh – vo wäge den Inschtrumänt.

Trumpeeten u Trumele hei mr guet gchennt. Aber zhingerscht hinger isch eine gschtange, wo so irgend öppis wi Pfannedechle zämetätscht het. Unerchannt iidrücklech isch's gsi, we ner a d Reihe cho isch. De isch er mit den Arme gäge Himel ufe gschossen u het abwächsligswiis tschäderedäng einisch linggsume, einisch rächtsume di Dechle la zämechlepfe.

So isch's cho, dass d Muetter itz o kener Dechle meh gha het, für d Röschti oder dr Haberbrei zuezdecken ufem Chochherd.

Ah – ja, no öppis schuderhaft Iidrücklechs hei mr i dr hingere Reihe vo de Musikanten entdeckt: en allerwältsmordiogrossi Trumele, wo me nid mit Pänggle, sondern mit eren Art Härdöpfelschtünggel druf brätschet het.

Uf ds Mal isch is ds Wasserfass i Sinn cho, wo i Grossatts Garten unger em ne Wasserschpöier gschtangen isch.

Nach längem Chääre vo üs Buebe het er sech wohl oder übel vo dere Pouke, wo sowiso ja am lätzen Ort gschtangen isch, chönne trenne – wi übrigens vore Raglete angerne Sache, wo ner gar nüt gseit het derzue, oder angersumen usdrückt, gar nüt het chönne säge derzue.

Es isch e schöne Meietag gsi, wo mr di Pouken uf üses Leiterwägeli gmurxet u dr Gürbe na z düruuf gschrisse hei. Di letschte füfzg Meter hei mr se no müesse trööle – dür ds hööche Höigras. Aber dr Schtolz uf das Prunkschtück het di ganzi Müei un Aaschträngig bi witem wider wettgmacht.

Nid grad Chrieg isch usbroche, aber es uschafligs Gschtürm isch hin u här, wo's du drum gangen isch, wär dass di Pouke künftig dörfi schpile. Schliesslech het me Chnebeli zoge. U wär het gwunne? Usgrächnet Tschaggelar Chlöisi, das bringe, verschochnige Buebli, wo mr übrigens numen i Musigverein ufgno hei, wüll's dr Grossatt befole het, wüll er is drööit het, süsch sig de garantiert uus u fertig u amen mit Usfahren im Sitewagetöff.

«Hoffentlech schlaat de dä Härdöpfelschtünggel nid em Chlöisi uf d Bire, anschtatt uf ds Fass – mit dere Chraft, wo dä het...» Aber zogen isch zoge, hei mr is müesse sägen un is halt i ds Schicksal ergää.

Nondepipp!

Dr Chlöisu aber, dä Chätzer, het di Pouke so usgezeichnet aafa beherrsche, dass me nume het chönne schtuune, uf jede Fall o am grosse Sinfoniekonzärt, wo Löiebärger Mändu sis Solo gä het. Jö, het dä mit dene Schtöpslen uf dr Trumpeeten obe chönne fälieren u fällele. Wi verruckt het's dert gchlefelet u vornache zum Trichter uus tönt wi bim jüngschte Gricht. O d Ziegel ufem Konservatorium hei aafa chlefele, wo Chlöisi derzue du pouket het, was siner Chreft hei möge häregää. Es het d Tön nume so desumegjättet, vo Wang zu Wang, a d Dili ufen u wider obenabe. Mi Muugiige het bi däm allem rein gar ke Chance gha. Ihrer Tön si richtiggehend ertrunken im Fortissimo.

Ungfähr nach ere Viertelschtung hei es paar elteri Zuehörer vorgschlage, ob me nid es Momäntli chönnti

Pouse mache – für d Bei z vertrappe, für chli früschi Luft z schnappe – un eso.

Wo o mir üser Inschtrumänt sorgfältig abgleit u zum Konservatorium use si, da hei mr gwahret, dass e ganzi Tschuppele Konzärtbsuecher – es si, glouben i, zur Houptsach d Oberschüeler gsi – dr Dewang gno u dür ds hööche Gras em Riedliwäldli zue trabet si. Dr Grossatt hingäge, dä wenigschtens, isch blibe. Är het ja o grad nümm so guet ghört. U no nes paar Gäggelischüeler... Di hei müesse blibe. I dr Nööchi het's drum e Kiosk gha – u mir hei allnen e Füfermocke verschproche, we si a ds Konzärt würde cho u sech schön tüege schtillha.

Ds Heidi het o ne Füfermocke erschtange nachem Konzärt, bevor dass mr dr Heiwäg unger d Füess gno hei. Di meischte si was gisch was hesch abtechlet, wüll's höchschti Zit gsi isch zum im Schtall z hälfen oder süsch es Ämtli z verseh.

Ds Heidi isch näbe mir dr Gürbe na glüffe; ganz i mire Nööchi isch es gsi. Nüt ha ni gwagt z säge. Hingäge het's so glungnig i mr inne gramüselet u gchutzelet, dass i dänkt ha, uf dä Wäg chönnt i mitem Heidi sauft bis uf Ouschtralie loufen u d Füess würde mr überhoupt nie wehtue.

«Chrugeli-Mugeli, weli Hang wosch?» het di schöni Sängere uf ds Mal gmacht. I ha ke Ton vürebracht, mitem beschte Wille nid.

«Mo-mou, säg's doch nume! I ha dr drum öppis gchouft, wüll d' so wunderbar Muugiige gschpilt hesch . . .»

«Also – die da», ha ni vüredrückt u meh weder roti Chabisbletter übercho. Richtig, e Füfermocken isch

zum Vorschiin cho, wo ds Heidi di rächti Hang uf-
gmacht het. Nie i mim Läbe ha nis fertigbracht, a däm
Chrugeli z schläcke – he dänk wohl, am Füfermocke, a
was süsch o? Das Gschläck git's no – irgendwo bi mir,
ire Nuuschidrucke.

«Chumm – mir höckle doch dert chli uf ds Bänkli»,
het ds Heidi ender gchüschelet als gseit, «de chasch mr
doch öppis schpilen uf dire schöne Muugiige. Bim
Konzärt het me di würklech fasch nid ghört. Drum
ha dr o dr Füfermocke gschänkt... Du hesch mi halt
duuret.»

«Im Aargou si zwöi Liebi», das ha ni am beschte
chönne, no so mit allergattig Chehrli derzue u Schläng-
gerli dranne.

D Sunnen isch langsam aber sicher z Sädel, es het
aafa chuele, mr hei nis müessen ufe Wäg mache, ob mr
itz hei wöllen oder nid.

Härdu reiche!

Erhard, Ignaz, Cordula u Corona hei si gheisse – di vier
Ching vo Gnäppers am Bäbibach hinger.

«Di si doch grad für ihres ganze Läbe gschtraft mit
dene meh weder gschpässige Näme», isch's schier vo
Huus zu Huus gange, wo di Hushaltig öppe vor füf Jahr
i ds Dorf züglet isch.

«Di überchöme doch nie e Frou oder e Maa, ver-
schwige de e Schtell – je nachdäm, was es isch...»

Item. Si hei de o dämnaa müesse häreha, si uszäpflet
u ihrer Näme verdräit worde.

Us der Cordula isch für üs Dorfching de d Cördle worde, us dr Corona d Röndle, usem Ignaz dr Gnäzu un us em Erhard der Härdu.

Dr Härdu het vo üs grössere Bueben e nid ganz gwöhnlechi Rolle zuegschpilt übercho – ganz u gar nid en eifachi, wi der wärdet gseh.

I weiss nümm, bi welere Glägeheit dass es gsi isch – einewäg: Dr Grossatt hätt wider einisch es verschtopfts Abloufrohr sölle ga repariere, e Bitz Chänel ga setzen oder weiss dr Gugger was... Aber dr Sitewagetöff het sicher zum hundertschte Mal wider nid gwüsst, wo's düregeit. Es het ne vor dr Wärchschtatt usse ganz unerchannt un um öppe hundertachzg Grad umegschlängget, un er isch – mit üs drei Bueben im Sitewage – meh oder minger ungsinnet nach öppe zwo Schtung Fahrt vorem Schuelhuus z Kanderschtäg gschtange, schön brav im Schatte vomene uralte Cheschteleboum. U los isch's gange, Richtig Oeschinesee. Mir hei dr Wäg scho fasch uswändig gchennt, so mängisch si mr dert gsi. Hingäge dasmal het's e riisigi Überraschig gä. Mir hei mitem Sässelilift dörfen ufefahre! Dr Grossatt het dr Jüngscht unger d Fittichen un uf ds Zwöiersitzli gno, dr elter Brueder un iig hei ganz eleini so nes Gfährt dörfe benütze. Wo's du aber a de Seili het aafa rupfen u zupfe, wo's di Schtüel het aafa obsi zieh, da ha ni doch langsam dr Tatteri übercho. D Schüürli si je länger descht chliner worde – u hie u dert het men ufem gschlänglete Wägli öppen es Ameisi mitem ne Rucksack ufem Puggel gseh z düruuf chräsme.

Muggsmüslischtill ha mi gha u nume grad vorsichtig dr Chopf dräit, für z luege, ob dr Brueder äch o nid so

Fröid heig a deren outomatische Bärgtour. Aber i ha mi chönne schtillha un a d Lähne chlammere, wi ni ha wölle, mit mire ganze Chraft, wi nes Äffli a Buuch vo dr Muetter – albeneinisch het's ganz uschaflig gchrooset u tätscht un üses Himelfahrtswägeli gschüttlet, dass es mir ganz chötzerig worden isch. I ha no feschter a d Lähne griffe, obschon mr bewusst gsi isch, dass das rein gar nüt würd abtrage, we ds Seili würd la gah u dä Schtuel zdürab würd gheie!

«Amen», ha ni ganz liisli gchüschelet. «Amen» isch doch es Zouberwort, wo em Mönsch hilft, we ner Angscht het, isch mr i Sinn cho. D Grossmuetter seit's ja o geng so gheimnisvoll vorem Ässe, näbscht em ne Gedicht, wo si jewile vorhär no vortreit.

Oder d Muetter, we me geit ga schlafe – di seit's o geng, bevor si ds Liecht ablöscht.

«Was seisch du da?» het's mi Brueder wungergno, un är het zue mer überegschilet. Är het's also gliich ghört gha – o jere!

Dr Grossatt isch grad druff u dranne gsi, öppe hundert Meter ob üs zueche mitem jüngere Brueder i ne brandschwarzi Wulchen inezfahre. Du mini Güeti!

I ha mi Chopf wider ganz süferli uf di angeri Site dräit, für z luegen, ob mi Brueder vilicht bleich sig oder o chli würdi schlottere.

«Hesch o Schiss?» ha ni gfragt u drmit ds Härz i beid Häng gno, wüll bi üs isch me nid e Höseler u Förchti – isch me nie gsi ...

«Äuä, was du nid seisch! Das Züüg häbt scho. I weiss haargenau, wi das funktioniert», het dr Brueder i eire Seelerueh zur Antwort ggä u het no nachedopplet:

«Mou... u weisch was? Mir boue doch sälber so ne Cheib. Dasch überhoupt kes Problem... I weiss o scho grad wo. Nämlech vo dr Ladewang ewägg übere Klaröpfelboum, de witer z düruuf übere Bireboum – när ine dür ds Fänschter un i ds Schlafzimmer vo dr Grossmuetter u vom Grossatt. Amen.»

Glii druuf het me di Sach a d Hang gno; me het so ne Bahn aafa boue, das heisst, vorab si afe d Biliee gschribe worde. Me het wölle sicher si, ob's de o räntieri. Für über hundert Franke hei mr Biliee gmacht – roti für ufe, blaui für abe, grüeni für ufen un abe – u de no di gälbe Superbiliee. Da isch näbscht dr Hin- u Rückfahrt o no es Glas Adelbodner Citron i dr Schlafschtube vo de Grosselteren inbegriffe gsi.

Är isch mängisch i Garte hingere cho luege, dr Grossatt, het de öppeneinisch dr Chopf gschüttlet – nid wüll mr ihm ds Wärchzüüg hei verschleipft gha, sondern wüll ihm das Ghänk u Gliir i sine Böim oben äuwäg nid grad am beschte gfalle het. Eistags het er sech emel du erchundiget, was Chogs das äch söll wärde.

«E Sässelilift», hei mr gmacht u doch bal Angscht übercho, dr Grossatt wölli, dass mr di Sach tüegen abblase.

«Jä – u wo nämet dr de d Sässeli här?» het er witer bohret u dr Schnouz u d Ougsbraue glüpft.

«Eh, mir hei dänkt, mir fragi de für die zwee alte Garteschtüel im Schopf hinger.»

Wahrschiinlech het er die Gschicht als z riskant erachtet un is dr Rat gä, gschider e Gschiirchischten umzboue. De heige mr halt de ke Sässelilift, derfür aber e Gondelbahn.

16

Mir hei nis da druuf iiglaa, hei di Chischte richtig zu re Gondelbahn umgrüschtet. Aber das het si Nase gha. Wo mr se nämlech a ds Seili ghänkt un am Rölleli ufezoge hei, het di Ruschtig ganz schön aafa waggele. Dr Zwüschemascht isch scho ganz schreg gschtange, d Seili si gförchig düreghanget.

D Chischten isch vil z schwär gsi – un es het o nüt gnützt, wo mr d Sitzli u ds Kommandopult hei usetromet gha.

Was mache?

«Härdu reiche!»

Ja, so het's jewile gheisse, we mr am Bärg anne gsi si, we mr ke Rat meh gwüsst hei.

Härdu isch öppe füfjährig gsi u wi dr merket als Ratgäber un Expärte no vil z jung. Nei, är het müessen i d Gschiirchischte hocke, besser gseit, är isch ordeli usanft drigsetzt worde.

«Hou-ruck! Hou-ruck!»

Öppe zwee Meter isch di Kabinen obsi druus, dernaa het's gottserbärmlech aafa gieschen u chroose wi bim Wältungergang. Zersch si Bletter vom Himel cho, drufabe grossi Chneblen un Escht, Wälleseili, Dräht, Schruben u was dr süsch no weit.

Ah, ja! Natürlech no d Chischte mit Härdu drinne: si isch mr ufe lingg Fuess tätscht. Är tuet mr hüt no weh – u Gondelbahne si siderhär nümme so mi Sach.

«Härdu reiche!» so het's o gheisse, wo mr z volem u ganz ufgrüschtet hei füre Chrieg gäge d Oberdörfler.

Pfileböge, Schteischlöideren u weiss nid was alls für Waffen u Folterwärchzüüg hei mr parat gha. Itz isch no dr Bunker i ds Gürbebort grabt u dert e Karbidkanunen iibout worde. U vo däm Punkt uus hätte mr de sämtlechi Oberdörfler uf ei Chlapf wöllen usrotte, we si uf der angere Site vom Flüssli abetechlet wäre, für üs aazgriiffe.

I jedem Fall het di Sach müesse funktioniere – uf Nummero sicher, süsch hätte mr de scho einiges z gewärtige gha. Vilicht es paar schwäri Chempe a üses Bort übere oder e Raglete Pfile.

Henusode.

«Härdu, muesch ganz guet ufpasse, süsch chunnsch nid mitem Läbe dervo. Nämlech – du nimmsch itz dä läng Schtäcke, schteisch dert aben i ds Gürbegrien. När schtreckisch dr Chnebu eifach ganz wit uus, gäge Himel ufe. We's de sowit isch, de lö mr us dr Kanunen e Schuss ab u de sött dr Holzbolzen obenache dr Chnebu abzwicke – u de hei mr preicht, de hei mr d Kanune guet grichtet...»

Härdu isch d Angscht buechschtäblech im Gsicht gschtange. Dasmal het er is gwüss fasch aafa duure. Aber Chrieg isch Chrieg!

«Muesch halt d Ohre verhäbe, we d' Angscht hesch – de ghörsch nüt», hei mr ihm zuegredt.

«Ah, nei, chasch ja gar nid. Du muesch ja dr Chnebu i dr Hang ha.»

Härdu isch abeggogeret uf ds Grien, het sech dert, wi abgmacht, poschtiert, wi sech das ghört für ne gfölgige Soldat.

Mir hei d Kanune grüschtet un usgrichtet.

Drufabe het's e mordstonner Chlapf ggä. Mir si mit schwarze Birene daghocket. Uschafligs Glück hei mr gha, das muess me säge. Hie u dert isch chli Bluet cho.

18

Ds Rohr vo dr Kanune het's verjagt gha, aber nid dr Chnebu vo Härdu. Dä isch uf sim Poschte gschtange, dr Pänggu gäge Himel grichtet. He ja, är wird dänkt ha, mir heigen öppe drnäbepreicht, mir löi über churz oder läng no ne Schuss la fahren oder vilicht zwee...

«Härdu reiche!» So het's o einisch amene Samschtig-vormittag i de Summerferie gheisse. Warum? Es het i üs inne nach Rach gschroue dass Gott erbarm, u zwar nid bloss i zwöine oder drüne Buebehärz. Nei, es si sicher meh weder füfzähni gsi.

Das isch eso cho: Vo üsem Schuelzimmerfänschter uus hei mr grad diräkt ufe Chilcheplatz gseh. U we am Samschtig vormittag Hochzit si gsi, de isch uf däm Platz geng allergattig Intressants glüffe. Care, wo uf däm chliine Platz nid hei chöne chehren u mit de Fahr-gescht nächär hingertsi hei müsse ds Loch ab zirkle, Schwigermüettere, wo ne Suurnibel gmacht hei, we's gschträäzt het zum Photographiere, we's em Photo-graph geng no zweni guet gsi isch u ner d Lüt min-deschtens zwänzgmal gchehrt un umtischet het.

Un um dä Photograph geit's dahie – e chliine, när-vöse Zwirbel. He, ja, süsch hätt er dänk i sim winzigen Outöli o nid Platz gha, wo ner albe vor d Schuelhuus-terrasse zueche parkiert het.

So isch wider einisch es settigs Fahri u Theater gsi vorusse. Die, wo hei chönne, hei halt i dr Rächnigs-schtung zum Fänschter useglueget, bis es em Lehrer gnueget un er uf sis Pult gchnütschet het. Zäh Site het's gä z schribe: «Ich soll während des Unterrichts nicht zum Fenster hinausschauen.»

Dr Schuelmeischter het so lut gmacht, dass si Befähl dür ds offene Fänschter a d Ohre vom Photograph tätscht isch. Dä het verwungeret ufegluegt – u juschtamänt i däm Ougeblick het ihm eine vor mir zueche si Läll zeigt.

Heiterefahne, isch dä Photozwirbel i ds Jääs cho! Innert Sekunden isch er im Schuelzimmer gschtangen u het ta, wi we ne dr Liibhaftig grad gschtoche hätt.

Es het no zäh witeri Site ggä z schribe, für alli zäme. Dr Täter het me drum nid chönnen usfindig mache.

Us all dene Gründ hei mr drufaben e Plan usgheckt – u Härdu het is i däm Fall quasi wider als Attrappe müesse diene.

Wi gseit, amene Hochzitssamschtig i de Ferie, da hei mr is ganz ghörig rewangschiert, däm Rätschi e Lektion wöllen erteile, wo ner sir Läbtig nümme het sölle vergässe.

Wo d Hochzitsgsellschaft mitem Photomacher i dr Chilche gsi isch, da hei mr is hinger em Husegge vüreglaa u hei si Fiat Topolino eis-zwöi-drü-rüss uf d Schuelhuusterrassen ufeglüpft.

Härdu hei mr folgerichtig a ds Schtüür vo däm Göppel gsetzt. Sicherheitsgurt het's denn no kener ggä. Drum hei mr Härdu mit em ne Chalberhälslig aabunge – nid wägem ne bevorschtehenden Unfall, bhüetis nei, sondern drum, dass er nid het chönnen abtuben u natürlech dr Photozwirbel so richtig söll erchlüpfe, dass er zmingscht d Schtärnen im Elsass gseht.

Wo ner us dr Chilche cho isch, richtig, da isch er bi däm Aablick erchlüpft dass nüt eso u het glii druuf aafa tue wi ne Wiggle, het ghänglet u tanzet, gholeiet u

20

gschwitzt. Grad wi wenn uf dä Wäg sis Outo wider vo dr Terrassen obenabe würd cho.

Mir hei dere Sach vom Pouseplatz uus zwüsche de Büsch düre zuegluegt u zueglost. O d Hochzitsgescht hei ihres Goudi gha u sin eso gratis u franko zure Unterhaltigsiilag cho, wo si sicher nie hei vergässe.

Aber o dr Photograph isch ganz u gar nid öppe vergässlech gsi, trotz sine wiisse Haar. Är het sech si Riim wohl gmacht derzue.

Zersch het er d Outotüüren i eire Wuet ufgschrisse, het Härdu aafa d Levite läse, bis er dänk öppe gmerkt het, dass es settigs brings Buebli sicher nid cha uf di Terrassen ufefahre, verschwige de dä Charen ufelüpfe.

Glii druuf isch dr Photograph wider bim Schuelmeischter erschine. Es cha nid angers gsi si. Süsch hätte mr nid nach de Ferien e ganze Samschtig lang Brönnholz müessen ufe Schuelhuuseschterig ufetrage – Arvle für Arvle, vier Schtäge zdüruuf u bi mindeschtens achtezwänzg Grad am Schatte. Dert isch übrigens Härdu ghocket – ufem Schitschtock – u het es Chübeli voll Glace dörfen uslöffele.

Zehnder u Motosaccoche

Nienen uf dr Wält het's so herrlech, so gheimnisvoll, so wunderbar nach Schmierfett un Iseware gschmöckt wi im Sitewage vo Grossatts Motosaccoche. Bsungers no, we ni drinne glägen oder ghuuret bi – obefür d Blache zueknöpft, dass ds Rägewasser nid z fescht inegrünelet isch u d Tröpf de so heimelig uf mis Dach tööperlet hei.

21

Das isch Musig gsi – schier di schönschti, wo ni gchennt ha. We sech de – parkiert vor em ne Lädeli – uf ds Mal d Blache chli glüpft het un es Weggli oder sogar mängisch es Schtängeli Schoggela derzue düre Schpalt gschobe worden isch – ja, de isch das Glücksgfüel nid nume vollschtändig, sondern ganz u gar volländet gsi.

Mängi witi Reis ha ni uf dä Wäg miterläbt u gwüss schier d Geographie vo dr ganze Schwiz uswändig glehrt. Natürlech, bi schönem Wätter isch de albe ds Dach vo mim Zigünerwägeli uftaa worde, u miner Buebenouge hei alls, was a ne verbigangen isch, förmlech ufgsoge, emel we's dür Schtedt oder dür d Bärge gangen isch.

Dr Grossatt het o nie uschaflig am Gas dräit. Är het o öppis wölle gseh u geng wölle parat si zum Brämsen u Zuecheha, we nachem ne Rank es Huus zum Vorschiin cho isch, wo vorne drannen es Schild mit em ne Bär, em ne Löi oder Schtorch plampet het.

Einisch het er aber grad gar nümm wölle, dr Motosaccoche. Es isch drum weiss nid wi vil Prozänt schtotzig dr Hoger z düruuf gange. D Maschine het aafa hin- u härwaupele – wi ne Riter uf sim Ross; dr Grossatt het i eire Lutschterchi «Hü-hü!» gmöögget. Es het nüt gnützt.

«Hü itze, du schtörrische Pleger!» I gloube, we ner e Geisle gha hätt, dr Grossatt, är hätt däm Töff es paari übere Gring abezwickt, dass er de wider gwüsst hätt, wo Bartli dr Moscht holt.

Uf alls ufen isch dä Töff uf ds Mal no unaschtändig, ja fräch worde. Är het unschiniert un i eire Lutschterchi ploderet u ja – i säge's nume ganz lisli – gfurzet u di ganzi Gäget grüüslech verschtunke.

«Chätzertööri!»

«Heiterefahne!»

«Schtärnebärg!»

«Itz weiss ig, wo Bartli dr Moscht holt!»

Bim nächschte Fäldwäg isch das Gfährt unger Pii-schten u Pärschte gchehrt u z läärem i ds Dorf abe gröl-lelet worde – zu dr Tankschtell vo Lüthi-Güschtu. Zum Glück hei's d Brämsseili möge bha. Em Grossatt siner Närveseili hingäge si ghörig gschlissen u abgwetzt gsi.

Mängisch isch's vorcho, dass dr Grossatt bis zum Halszäpfli ufe gnue gha het vo däm ungfölgige Töff, dass er ne i Schopf hingere gschtellt u ne schreeg u ver-ächtlech vo oben aben aagluegt un ihm so öppis ähn-lechs wi «Hudelgöppel», «Lölchare» ertrunnen isch! Är het Arräscht übercho, dä Sabotör – einisch sogar meh weder zwo Wuche lang.

I däm Momänt isch de albe d Zit vom Zehnder aabro-che! Richtiggehendi Triumphe si das für ne gsi, we ner albeneinisch wider a d Tagheiteri un uf d Pischte het dörfe. Irgendwie isch er o sälbschtbewusster gsi als dr Motosaccoche, isch natürlech um einiges elter gsi, ohni Sitewage u derdürwillen o chli tifiger u schnittiger, heisst das o vil chlepfiger u lüter.

Jere, isch das alben es Luegen u Lose gsi, we dr Gross-att – öppe mit em ne Seili es Oferohr a Rügge ghänkt – dervogfahren isch uf däm Zehnder, wo äuwäg – so nach de Jahrringe – no fasch si Grossvatter hätti chönne si.

Polderet u tätscht het's albe ds Dorf u dr Hoger uuf – wi ds Seriefüür am Fäldschiessen i dr Mettlen usse. Der-zue hei schier meh Lüt zuegluegt u zueglost am Schtras-serand un a de Fänschter weder am Jubiläumsumzuug vo dr Musiggsellschaft im vergangene Summer.

Amene wunderprächtige Septämbertag het me dr Zehnder leidergottes zum letschte Mal gseh, denn, wo ner am Dorfrank linggsume verschwunden u nie meh umecho isch, mitem Grossatt druffe – es Abloufrohr am Rüggen aagseilet.

Ja, dr Zehnder isch sine zuenämenden Altersbräschte zum Opfer gfalle, besser gseit sine Altersgebräche, wi öppe Proschtata, Aschtma bronchiale, Chnocheschwund, Rhythmusschtörige, Magegschwüür u chronische Durch-fall. Vor allem aber, het dr Grossatt gseit, liidi dr Zehnder je länger descht meh a Arteriosklerose, wüssi z halbszit nümm, was men ihm gseit heig, oder är vergässi ganz ei-fach z reagiere, we men e Chnopf würdi drücke.

Un uf dä Wäg isch dr Zehnder du äben umcho: I dr Schtockeren ussen isch er churzum abgläge. E Kollaps. Hyperväntiliert, das heig er schiints. Dr Grossatt het aller-gattig Widerbeläbigsversuechen ungerno, het ihm mitem Naselumpe d Cherze pützerlet, nen ufgschtellt, nim gchü-derlet un unzähligi Mal probiert Gas z gä. Es het rein gar nüt meh battet. Em Zehnder sini Wältzit isch abglüffe gsi, är het nümme möge, het vilicht o gar nümme wölle.

No zwöi- oder drümal het dr Grossatt mit em Zehn-der zämen en Aalouf gno, i dr Hoffnig, är chönni ne doch no reanimiere, chönn ne widerumen aakicken u dr Kreislouf – wi früecher albe – i Gang bringe.

Aber wi gseit, dr Zehnder het ke Wank meh ta. Fer-tig u Schluss isch gsi. Ändgültig.

Im Grossatt inne het's aafa wärchen u rumore. D Hei-dewuet u ds Gottsverbarme si zämen ufem Gigampfi ghocket. Di ganzi Schtockeren uus u bis i ds Gmeis isch's derewäg uuf un ab mit dene Gfüel – bis plötzlech d Heidewuet eidütig obenuuf cho isch. Fasch gar wi ne Vulkanusbruch isch's nächär gscheh. Dr Grossatt het Füür gschpöit u bimene Haar Höll gschwore.

Warum die Kataschtrophe?

Darum: Em Zehnder het's itz ds Hingerteil z volem glähmt, är het sech nümm la schtosse. O dr Schtupf i si Allerwärtischt het nüt battet, im Gägeteil. Är isch derewäg erhudlet gsi, dass er dr Gepäcktreger ufe Bode het la tschädere...

Itz schteit er im Gmeis usse, muetterseelenelei am ne Klaröpfelboum.

U dr Grossatt?

Me het ne juschtamänt no grad mögen erlicke, wi ner zu Binggelis Saagi überelouft, ds Abloufrohr a Rügge glitscht.

«Heit dr mer e Schlegel – oder zmingscht es grosses Bieli?» het dr Grossatt ohni lang z grüessen u surig dass nüt eso a dr Huustüre vo Binggelis gfragt.

Dr Binggeli het wölle wüsse, für was dass är de e Schlegel bruuchi. Emel sicher nid für nes Abloufrohr z setze... D Angscht het men ihm mit Berächtigung vo den Ouge chönnen abläse.

«E Schlegel oder es Bieli», het dr Grossatt widerholt – u Binggeli Dani isch es Bieli ga hole, es mittelgrosses. Es isch ihm hingertsi u vüretsi niene meh chouscher gsi, het aber mitem beschte Wille kes witers Wort, ke Erklärig für dä gschpässig Wunsch usem Schpängler usebracht.

Dr Grossatt het ds Abloufrohr a d Huswang gschtellt un isch mitem Bieli ganz dezidiert über ds Brüggli zum Klaröpfelboum gschritte.

Ja, itz wüsst dr sicher was Gattigs!

Exakt: Em Zehnder sis letschte Schtüngli isch da gsi, besser gseit, es isch du no vil gleitiger gange – nid emal es Viertelschtüngli, bloss zwo, drei Minute.

Dr Binggeli isch dusse gschtangen u het d Ohre verhaa, derewäg het's tschäderet u gchlepft.

Un uf dä Wäg het er o di letschte Wort, wo em Zehnder si gwidmet worde, nid chönne vernäh. Si wärden es Gheimnis blibe – für alli Zite.

Ufem Hingergrund vo denen Ereignis, das darf me wohl säge, isch glii druuf dr Motosaccoche wider i Amt u Würdi iigsetzt worde, wett säge, unerhört grossi Ehr u Würdi isch ihm erwise worde.

Äbe, ja – da isch drum no mängs angers gsi, wo dr Grossatt ganz bsungerbar uszeichnet un usem riisige Mönscheheer useghobe het. Är het no vil meh chönne weder öppe Töff fahren u Chänel aamache.

Näbscht allem angere nämlech het er sech o no als Plämpeler betätiget. Wit über d Kantonsgränzen usen isch er ga Wasser schmöcken u het i dr Tat öppe Quellene usfindig gmacht. Mängisch het es sech de o grad gfüegt, dass er d Wasserversorgig het dörfe bouen oder emel dranne mitwürke.

Uf dä Wäg isch's vor Jahre o ds Holperfinde gscheh, imene prächtige Puredorf im Seeland. Dert hei si sit Jahr u Tag geng vil Gmües gha, aber vilszit zweni Wasser zum Giesse – emel die Pure, wo's nid usem Zihlkanal oder us der Alten Aare hei chönne pumpe.

Es paar Gmüespure hei vom Grossatt ghört gha u nen i ds Seeland bschtellt. Är isch vil grüeft worde, je länger descht meh – un us däm Grund isch de mängs angers i dr Schpänglerei öppe blibe lige, Arbeite si verschobe worden u no einisch verschobe worde – u no einisch.

Item.

Wo dr Grossatt äbe grad dr Töff i Gang gsetzt gha het, parat zur Abfahrt i ds Seeland – natürlech mit mir im Sitewage –, da isch ungereinisch u wi ne Blitz es Velo zuechegschnuusset, diräkt vore Töff. Dr Fahrer isch abgschtigen u het sech wi ne Fäldherr vore Grossatt poschtiert.

Es uschafligs Gwitter isch losbroche. Us den Ouge vom Puur isch ei Blitz nam angere gfahre, un usem Muul het's tonneret, me het ds Echo sicher im Gantrisch obe chönne ghöre. Itz warti är bim Schtärnshagu scho meh weder es Jahr uf di nöii Leitig zum Brunnen use! Das sigi ja Machetschafte, wi me sen öppe z Russland kenni, aber nid i üsem Rächtsschtaat!

I weiss nid, was dä Mööggi no alls usegla het – dr Grossatt uf jede Fall het kes Wort la verlutte. U das het ganz sicher dä Reklamieri no meh i Täber bracht, so hert, dass er es paar Mal a Töff gschtüpft het mit sine gnaglete Schue.

Woumäu, itz het es sech im Grossatt innen o aafa bewege. Dass grad so mir-nüt-dir-nüt e zwöite Töff verhüzt söll wärde, das gieng hingäge scho über ds Bohnelied.

«Tüet doch nid derewäg uflätig», het dr Grossatt em Rohrer Chrigu itz in Egi gha, «... u fraget doch zersch i dr Ornig ...»

«Nüt isch, mindeschtens füfzgmal ha ni scho gfragt!» het dä i dr glichlige Lutschterchi witergfahre.

Ja-ja, das isch aber scho nen uchummligi Gschicht füre Grossatt, vor allem itz no dä Uftritt vorem Huus...
U wi chönnt's o angers si – d Glettere im gägenüberligende Huus het scho vor einiger Zit ds Fänschter schperrangelwit ufgschrisse.

«Morn weiss das natürlech wider ds ganze Dorf», het dr Grossatt dänkt u drum schtändig am Gashebel dräit, uuf u zue, dass dr Motor ghüület het dass Gott erbarm.

«Loset doch», het dr Grossatt no einisch aagsetzt, «dir gloubet's nid, aber i ha grad wölle zu öich ufe cho – grad itze.»

«Was dir nid säget», het dr Rohrer umeggä un ufe Sitewage gchnodet, dass es mir angscht u bang worden isch, «da wott iig de grad derbisii!»

«Chöit dr», het dr Grossatt gmacht, «fahret mit em Velo vorab – un i chume mit em Töff langsam hingernache.»

Dr Rohrer het si Göppel uf d Schtrass gschlingget, isch ufgschtigen un isch Richtig Oberdorf mit sire ganze Chraft i d Pedal trappet. Dr Grossatt het Gas ggä, het über d Gürbebrügg gchehrt.

Es isch Richtig Seeland gange – zur Wasserversorgig.

He ja: verschprochen isch dänk verschproche.

Zu allem zuechen isch cho, dass dr Motosaccoche quasi no zur Schtaatskarosse befördered worden isch. Es verflüemert miggerigs Schtaatsschträssli, voll Schlaglöcher u Glunggene het nämlech zum Bouplatz gfüehrt.

Wo d Pure vom Dorf im Pintli mitem Grossatt no allergattig beschproche hei, da si si äben o uf das Trom cho. Natürlech, si heige scho längschtens z Bärn es Gsuech abgliferet, damit das Schträssli usbesseret oder sogar teeret würd. Aber nüt sig passiert. Einzig – u das sig sicher o scho nes paar Mönet siderhär – da sig so ne gschniglete Bürogumi da gsi u heig di Sach aagluegt u zum Schluss gseit, är wöll luege, aber verschpräche chönn är da vo sich uus no grad nüt. Das sig e Poschte, wo äuwäg ds Kantonsparlamänt no drüber müess. Itz heige si äbe sälber wider e Grossrat, u zwar usem Nachbardorf, sit de letschte Wahle, aber leider vo dr angere Partei. Är heig trotzdäm verschproche, i däm Bärn obe z luege, was öppe z mache wär i dere Sach – u heig's mitüüri fertigbracht, dass dr zueschtändig Regierigsrat, dr Balsiger, wöll cho nen Ougeschiin nä, höchschtpärsönlech. Übermorn sig's sowit.

Dr Grossatt het dene Manne versicheret, är kenni es würksams Rezäpt für derig Fäll. We si iiverstange sige, so wöll är ihne gärn behilflech si.

Dr Regierigsrat Balsiger isch also aagrückt, mit em Zug isch er cho – he ja, als langjährige Verwaltigsrat vo dr Bärn-Nöieburg-Bahn.

Es isch abgmacht gsi, dass ne dr Grossatt am Bahnhof unger würd abhole. Das het er de o pünktlech gmacht.

E schüzlech trüebe, näblige Novämbertag isch's gsi, so wi se ds Seeland sit eh und je kennt. Gli druuf het no ne ghörige Rägen aafa iisetze. Dr Herr Regierigsrat het si Schirm ufgchnorzet, aber hantli wider zuegmacht, wo dr Motosaccoche i Bewegig graten isch.

«Loset, Herr Regierigsrat», het dr Grossatt scho bi allem Fahre zue nim übere gmöögget, «es het bi däm Wätter ja ke Sinn, zersch no i d Pinten ufe z fahre. Mir fahre di Schtrecki doch grad vo hie uus ab, u de hei mr's o glii einisch hinger is...» Dr Magischtrat isch derewäg baff gsi, dass er gar kener Wort gfunge het zu däm allem. Är isch no töifer i Sitewagen inegschlüffe, so wit, dass er emel möge het. Gleitiger u gleitiger isch die Fahrt nächär worde dür dä beträffend Fäldwäg uus u sicher füre Regieriger o unvergässlech...

Sämtlechi Fänschterplätz si bsetzt gsi, wo das Gfährt nach em ne Rung zuechegratteret isch, ufe Parkplatz vom «Bäre». Aber – o heie! Was isch de da Chätzigs passiert?

Ke Regierigsrat, sondern irgend so nen Art Höleforscher oder Gruebenarbeiter isch us dr Gutsche gschtigen u het ghänglet wi wild, dass dr Dräck nume so a d Fänschterschibene vo dr Gaschtschtube plötscht isch.

Innevür am Tisch isch me glii druuf zur Erchenntnis cho, dass das Schträssli würklech müess saniert wärde. Di Dräckerei sig scho ne Zuemuetig, u zwar für alli Beteiligte. Me tüeg's am gschidschte doch grad teere, obschon das ender i de Schtedt dr Bruuch sig u hie ume weniger.

Un im übrige: dr Herr Regierigsrat Balsiger het glii druuf gar ke schlächti Gattig gmacht im Predigchleid vom «Bäre»-Wirt. Är het no ne Rundi la gä, bevor z Ins dr Zug abgfahren isch.

Dr Motosaccoche isch brav bi dr «Bäre»-Schüür blibe. Dr Regieriger isch nämlech mitem Outo zum Bahnhof chauffiert worde.

Äbe – so vo wäge...

Graglet voll vo Schetz isch's gsi, ds drüschtöckige Huus vom Grossatt.

Alti Schäft, Tischen u Schtüel, antiki Uhren u Trögli hei de Zimmer fei echli e vürnämen Aaschtriich gä.

Üs Buebe hei di Altertümer zwar nid hert intressiert. Em Inhalt vo dene Schäft u Gumodene het üsi volli Ufmerksamkeit gulte, heisst das em Schoggela, de Täfeli u süsch no allergattig Sache, wo üser Buebehärz höcher hei la schlaa. U da het's so vo wäge de Bsitzesverhältnis öppedie es Gschärei abgsetzt. Zum Bischpiil, we dr Grossatt bhouptet het, di Sackuhr oder das Riiszüüg ghöri ganz sicher ihm.

Es si o vil Lüt ii un us gangen i däm Huus, me het gsungen u schiergar über alls zäme brichtet, was uf dr Wält passiert isch.

Einisch si wituse Verwandti usem Baselbiet aagmäldet gsi zum Bsuech. Mir Buebe sölle nis de ja aaschtändig uffüere, süsch würde nis de d Löffle gschtreckt u ds Grännihaar uszoge bis a d Dili ufe – garantiert sicher. Das sige ganz vürnämi u riichi Lüt, wo würde z Bsuech cho – u di mögi weder wüeschti Wörter no dummi Faxe verlide . . .

Uf dä Wäg het is d Grossmuetter dr Finger ufgha u nis uf dä Allerwältsaalass hii präpariert. Si het drum ihrer Läbtig en unerhörte Reschpäkt gha vor de besser Gschtrählte, vor dene, wo's zu öppis bracht hei im Läbe.

Dr Grossatt het da ender sini liebi Müei gha mit dere Gattig Lüt, emel we's derzue no so Gäxnasene oder gschnigleti u gmeinti Pajäggle gsi si. Eso het är jedefalls Lüt vo dere Rasse albeneinisch tituliert.

Dr gross Tag isch aabroche, u Wäglis si mit ihrem Monschtrum vo Chevrolet vorgfahre.

Ds halbe Dorf isch zuecheglüffen u cho d Gwungernase fuettere, wüll me bis dahii chuum es settigs Gfährt het z gseh übercho. U chuum einisch isch äuwäg im Dorf a dr glichlige Schtell so mängisch u mit Inbrunscht «Öii» u «Uuh» u «Ooh» usgschtosse worde.

D Grossmuetter het hüpp u gleitig wi dr Blitz mit ihrem Geisseglöggli d Husbewoner häre bbimbelet. Us allnen Eggen u Löcher si si cho z techle, d Tantene, d Lehrbuebe, d Chöchi, d Muetter u natürlech o mir Buebe.

Sogar em Vatter siner Chüngle si urüejig worden i ihrne Schtäll hinger, si desumeghopset u mit de Gringe allpott a d Töri plötscht. We si nid iibschlosse gsi wäre, si wäre gwüss wäger o cho z techle für Wäglis d Ehr z erwiise.

Ds Negerli isch vor dr Chuchitüre ghöcklet u het sech ds Muul gschläcket. Jö, wi das fein gschmöckt het nach Braten a däm Tag – vo zungerscht bis zoberscht im Huus u sogar zu de Fänschter uus.

Nach em Bratreduft het dernaa ds Schmöckwasser vo dr Frou Wägli Schtägehuus u Zimmer gfüllt.

Mir Buebe si halt gliich ganz schturm worden ab all däm Betriib u Getue, hei nis aber fescht Müei gä, kener Dummheite z verüebe.

Einzig wo mr das Mordiogfährt vo Outo no einisch z grächtem unger d Lupe gno, bewunderet u nach Schtrich u Faden ungersuecht hei, da isch is plötzlech e grosse

Fähler i d Ouge gschtoche. Hinger a däm schwarze Schiff nämlech isch e Blächtafelen aagschrubt gsi mit Buechschtaben u Zahle druffe.

«Bänzu, lue doch einisch dahäre», het dr Willy wichtig ta, «di chöi ja nidemal ds Abc... Das muess doch BE heisse, nid BL.»

So hei mr dä Fähler halt mit Pinsel u schwarzer Farb us Grossatts Budigg korrigiert.

«He ja, die Wäglis oder was, die müesse sech doch süsch schäme mit em ne derig schtrube Fähler a ihrem tüüre Schlitte...», het dr Willy la verlutte.

Nachem meh weder riichhaltigen Ässe – mit Brate, allergattig Gmües, Burgunder u allerwältsgrosse Merängge – het e Husbesichtigung schtattgfunge.

No glii einisch het sech usegschtellt, dass Wäglis e regelrichtigi Sucht für alti Möbel entwicklet hei. Drum isch me mit dr nötigen Andacht un Ehrfurcht vo Möbel zu Möbel gschritte; si si gvisitiert u beguetachtet worde – u dr Mössiö Wägli het sech derbi als hervorragenden Experten entpuppt.

«Dä Schrank da isch guet», het er zum Bischpiil übere Schoggelaschaft vo dr Tante ds Urteil gfällt, «das Trögli hingäge isch ke Batze wärt... Wurmschtichig, Eggen ab, ja ganzi Schpriisse... Zwar scho vo 1756. Aber me cha d Jahrzahl schier nümm entziffere. Allerdings – mit Malereie druffe. Weder uf ds ganze betrachtet nüt als Edelkitsch vo öinen Urahne hie im Voralpegebiet, wo ke blasse Dunscht gha hei dervo, was Kunscht isch... Aber si hei ja nüt derfür chönne, di Hinterwäldler, wo ihrer Läbtig ds gliche Loch z dürab ihri Notdurft verrichtet hei...»

So het dr Wägli doziert u vor luter Ufregig fasch si Havanna-Schtumpe verschlückt.

«Schmide si si gueti gsi», das muess me säge, het er ds Trom wider ufgno, wo dr Grossatt gseit het, är müess gwüss gschwing a nes Örtli, «schmiden u schpänglere, das hei si chönne – wi usem Äffäff. He – Ärnscht, lue doch nume di Bschleg vom Trögli aa! Kunschtwärch, wi si im Buech schtöh. Exgüsee, we ni grad so diräkt frage – aber i sammle so Schmidisigs u würd dr das Trögli für ne guete Priis abchoufe – säge mr für zwänzg Fränkli...»

Einisch meh het dr Grossatt dr Schnouz u d Ougsbrauen obsi zoge, es Rüngli nachedänkt u i dä Handel iigwilliget. Ds Problem isch du nume gsi, dass me dä Trog uf ke Art u Wiis i die Carrossen inebracht het.

Dr Chöifer isch fasch schtifelsinnig worden un isch wi ne Wilden um si Charen ume tanzet. Es het nüt abtreit, me het di Chischte chönne chehre, wi me het wölle.

Em Wägli isch's verleidet, em Grossatt o.

Nach längem Ratiburgere si si uf d Idee cho, dr Wägli oder eine vo sinen Angeschtellte chönn doch glägentlech mitem ne Liferwägeli verbicho u das Trögli uflade.

«Nüt wärt – nume d Bschleg», ja, das isch em Grossatt dr Tag druuf geng wider düre Chopf gange.

«Loset, Buebe», het er gschmunzlet, «das Trögli dahie, das dörft dr hüt verhüze. Es git grad gäbigs Aafüürholz... Hingäge d Bschleg – zu dene müesst dr mr Sorg ha bim Zämeschlaa, di si vil Gäld wärt u scho verchouft. Tüet se de da i die Drucke.»

Zwo Wuche schpäter ungfähr isch dr Wägli persönlech mit em ne grosse Chaschtewage zuechegfahren u het das Möbel wölle cho abhole.

«Eh du mini Güeti», het sech dr Grossatt aafa veräxgüsiere, «itz ha ni mitüüri vergässen aazlütte, dass ja nume no d Bschleg z transportiere wäre! Da hätt's gwüss ke so grosse Chaschtewage bruucht – i hätt di Sach sogar chönnen uf d Poscht tue... Muesch würklech entschuldige...»

Dr Wägli isch dagschtange wi eine, wo sis ganze Hab u Guet verlore het un ufe Wältungergang wartet. Bimene Haar wär ihm dasmal d Havanna-Zigare usem Muul gheit – so offe het er's bi däm Bscheid gha, het aber kes Schtärbeswörtli vürebracht, mit dr gröschten Aaschträngig nid. Ersch nachem ne Zitli het er du aafa schtaggle: «Nundediö, das – das – das – wuwunderprächtige Trögli!»

«Äbe», het dr Grossatt witergfahre, «i ha dr dä ganz Handel wöllen erliechtere... Sä, da hesch d Drucke mit de Bschleg drinne – u mitem nen Iizaligsschiin.»

Dr Wägli isch geng no i dr Chuchi gschtange wi nen Ölgötz u het ke Wank chönne tue.

«Jä itze», het dr Grossatt seelerüejig gmacht u d Achsle glüpft, «da cha me nüt meh ändere dranne, gwüss wäger nid», het sis Gaffeechacheli aagschtützt u süferli u mit cheibischem Gnuss drus gschlücklet.

Heimatlosen-Aabe

Me hätt ne buechschtäblech mit em Chäsmässer chönnen abschtäche, dr Rouch im «Löie»-Säli – so dick isch er gsi. U schtill isch's gsi wi a re Beärdigung. «Hansjoggeli, dr Erbvetter» isch drum über d Brätter gange. Mit knapper Not het me d Akteure u d Gulisse dür di Näbelsuppe düre no möge gwahre.

Muggsmüslischtill isch's gsi im Saal – wi geng, we's um ds Erbe geit; we ds Erb verchündtet wird, o süsch, im Läbe – da het me längi u gueti Ohre. Oder we dr Teilet schiinbar nid wott ufgah, de wird päägget u gschnaulet, tobet u gfüürtüüflet, bis dass dr Sagbock schlotteret im Schopf ussen u's d Schiter i d Hoschtet vüre jagt. Jede seit, är luegi füre verflüechtigscht Advokat, wo de wüssi, wi me d Hüener müess iitue. Drufabe chunnt de hüüffig di uheimeligi Schtilli, wo me sech i beschte Verwandtschafte ds Muul nümme ma gönnen u kes, aber kes einzigs Wort meh vürig het füren anger – o we me grad näbenang wont u me sech gwüss vo Mischtschtock zu Mischtschtock, vo Bohneblätz zu Bohneblätz chönnt verschtändige. Aber nei, me luegt näbenumen oder het höchschtens no nes verächtlechs Schnüze u Rure vürig.

Es gäbi nid weni Sippschafte, da redi me scho sit Jahrzähnte kes Wort meh zäme. Dr Rekord machi zwo Familie im Dürrgrabe. Di heige scho sit zwöihundertachtesächzg Jahr kes Wort meh zäme gredt.

Also: We's um ds Erbe geit, da wird's schtill – toteschtill mängisch... Nid aber i üsem Theaterschtück.

Einisch meh hei's dr Johannes, dr Wirt, u si Schwager, dr Bouelehändler Jean, ufe Hansjoggeli abgseh.

Är het vom Ueli dr Pachtzins übercho u verschteckt. Di zwee si ja mit allne Wässerli gwäsche u näme dä alt arm Chlöni wider einisch i d Hüpple, dass es rugget u schtübt uf dere Büni obe.

Uf ds Mal gseht men uf dr Site no d Umrisse vom nen angere, wo ds Schtägli uuf un uf d Büni plampet.

Me het ne vorhär nid so rächt chönnen erchenne. Är isch wi ne Geischt dür Näbel u Rouch cho.

Alli zämen uf dr Büni si so baff u luege derewäg schtober dri, wi wenn eine vom nen angere Planet diräkt bi ihne glandet wär.

«Dä ghört doch nid dahäre», chüschelet ds Elisi em Jean zue, «was Donners söll de das wider si?»

«Di Fotzucheibe vom Nachbardorf wei nis dänk wider einisch sabotiere...» gältschet dr Erbvetter. «Fahr ab, du vermaledeite Schpiilverderber», rüeft itz dr Johannes, «aleh hopp, zieh sofort Fäde, süsch wirsch vor allne Lüt düregschmiert, dass de d Schtärnen im Elsass gsehsch!»

Aber em Iidringling isch's ärnscht, todärnscht. Är nimmt e Schtabälle u zieht dermit uuf – u di angere dr Äcken ii.

Itz geit es Ranggen u Chüschele los im Saal. Niemer weiss so rächt, ob das äch en Überraschigsiilag vom Verein sig oder ob sech tatsächlech öpper Unbefuegts uf d Büni ufe gmoglet heig.

«Halt – du – du – di Latz, du gäldgierige Püffu, du!» seit dä frömd Schouschpiler. Un uf ds Mal isch's wider schtill wi imene Grab.

«Miner Brüeder – di – di – hei o geng eso mit mim Vatter gredt... Haargenau gliich wi du – du...»

Är het d Schtabälle geng no ufzogen i de Häng.

«Hände hoch – dir – dir – zwee Vagante – u öier Wiiber o! U Hansjöggu – oder wi dr Alt heisst – hopp! gang u hock dert hingere – ufen Ofe.»

«Hör doch ändlechen uuf mit däm Theater, gib's doch uuf!»

So probiere d Schouschpiler dä jung Pursch z beschwichtige.

«Das isch kes Theater – das – das isch d Würklechkeit, jawole!»

Meh weder kurios isch's – niemer schrittet ii, alli si wi i ne Bann inezoge, d Ouge chläbe fescht a dere Szene, wo sech da voren abschpilt.

«I gibe nid uuuf!» brüelet dr jung Maa, «hüt gibe ni – für – einisch nid uuf!»

«Aber los itz guet», probiert dr Johannes iizränke, «erschtens bisch du – exgüsee – schtockbsoffe – u zwöitens schpile mir hie ja nume Theater – e Theaterrolle...»

«Wär da e Rolle schpilt – u wär – wär da bsoffen isch – da wett mr de no grad emal luege...»

Är tätscht d Schtabälle derewäg wüetig ufe Bode, dass si alli vieri vo sech schtreckt. Dr jung Maa bewaffnet sech itz mit em ne Schtuelbei.

«Wär da itzen e Rolle schpilt – oder wär voll isch – das söllen itz grad d Lüt hie im Saal innen ab-abschtimme, oder?»

D Zueschouer si wi elektrisiert. Plötzlech aber faat öpper aa pfupfe. Vili angeri schtimmen i ds Glächter ii.

Ds Lache schtirbt hingäge grad wider. Dr jung Maa nämlech zieht mitem Schtuelbei em Elisi uuf.

«Du iigebildete Toggel, du aagschlirggeti Täsche – hou's i Chübu u wäsch dis hässleche Ziferblatt, so – so gseht me, wär de bisch, du Plaggeischt vo – vo Schwägere!»

D Schouschpilere luegt ängschtlech uf ds Schtuelbei u macht sech süferli u hingertsi usem Schtoub.

«Ja-ja, fahr ab, Brigitte – o du hesch mi Vatter geng plaget u ghulfen ungere Bode bringe, hesch ihm ds Gäld usem Sack zoge, aber nüt weder – nüt weder Schlämperlige für ne übrig gha...!»

Itz dräit sech dr Schpiilverderber u dröit em Händler:

«Du Schliimsieder vo Baslerschminggu – mach, dass d' zum Tüüfu chunnsch! Dert ghörsch häre... Mi Alti isch nämlech mit eim vo Basel ab u dür d Büsch – u das – das isch nid ihre Fähler gsi, sondern...»

«Aber i ha... Aber i cha...», schtagglet dr Bouelehändler...

«Nüt vo aber – fertig isch mit aber... Dir mit öiem verdammten aber... Wenn überhoupt hesch du zletscht Mal öppis iizalt für ne wohltätige Zwäck – du – du Githung, was de bisch...»

«Grad geschter, da ha ni zwänzg Franke gäh für Pro Senectute... gloub mr's oder gloub mr's nid...»

D Lüt im Saal hei wider aafa pfupfen u sogar grediuse lache. Si hei itz richtig ds Goudi gha a allem zäme.

«Nüt hesch zalt, du faltsche Kläffer!»

Dr Bouelehändler het, ungerem Regimänt vom Schtuelbei, d Pfiiffen o iizogen un isch uuf u dervo. Scho ds Schmöcke dranne het ihm dr Chlupf dür alli

Glider gjagt. Hinger de Gulisse het men äuwäg Sitzig gha u ggratiburgeret, was äch ds Gschidschte wär... Eso la loufe, wi's louft? Oder ob men äch gwaltsam sötti vorgah?

Bis zletscht isch nume no Hansjoggeli – hinger im Egge – ufem Ofe ghocket u het o nid rächt gwüsst was Gattigs.

«So – so, Jöggu, chumm, itz näme mr eis zäme... Itz wo si abgfahre si – di – di Röiber, di Zigüner, di Charakterlumpe... Chumm, Jöggu, hock zum Tisch! Mir wei fiire... Mi Namen isch übrigens Theo. Ja-ja, itz wird zgrächtem gfeschtet!»

Dr Theo het no dr Särviertochter abegrüeft, si söll e halbe Wiissen uf d Büni bringe... Un itz hätt dr Vorhang eigetlech sölle zuegah... Das isch er aber nid, komischerwiis o scho vorhär nid... Aber ungereinisch schtöh zwee Polizischte doben u packe dr Theo linggs u rächts ungerem Arm. Im Grund gno wär das nid nötig gsi – är het gseit gha, was er het gha z säge.

Was er i sim Dusel no gseh het, si di vile gwungerige Chöpf gsi, wo us Rouch u Näbel gluegt hei – ihm u de Polizischte nachegluegt hei...

Dr Vorhang isch langsam zuegange. Me het sech grüschtet für nen nächschten Akt. Ds richtige Theater het chönne witergah.

Gaffee, Aroma un Essänz

Ach, wi mängisch het äs doch scho wölle schtärbe! Mängisch, mängisch. Es weiss es gwüss sälber nümm, ds Änni. Ke Maa meh da, wo zur Sach luegt um ds Huus ume, eim di schwäre Sache treit un öppen es guets Wort fingt für alls, was äs tagii, taguus, vo eire Tagheiteri zur angere, wärchet u bös het.

Plötzlech isch's cho, bim Hans, das kurlige Chlemmen uf dr Bruscht. Me het ne no i ds Schpital ta, aber sis Läbesliecht isch eistags schier vo eire Sekunden uf di angeri verlösche. Är het dr Chrankeschwöschter no grad wölle säge, dass es ihm so eländ schlächt sig... Aber är het dr Satz nid chönne fertig mache – scho het er dr letscht Schnuuf ta.

Denn isch ds Änni i nes Züüg ine cho, heisst das, äs het sech dri inegwärchet, das chöit dir öich nid vorschtelle: Mit allnen isch es i ds Uneise cho i sine Gedankegäng, mit de Dökter, de Schwöschtere, mit em Liebgott sowiso. Warum het dä itz usgrächnet ihre Hans müesse zue sech näh? Da gäb's de doch süsch gnue Halouderine u Nütnutze, wo mitüüri ender a dr Reihe wäre.

Item.

Äs wott uf jede Fall de no mitem Pfarrer über das rede. Ja, uf ds Mal so eleini müesse si, das isch es schwärs Chrüz. Niemer meh, wo me mit ihm cha prichte, öppen einisch o chli gangglen u gugle, schtürmen u chääre. Niemer meh, wo me mit ihm cha ga tannzapfnen u holzen u zu de Tierli luege.

Ds Änni het ds Chueli müesse furtgä – un äs weiss no nid, wo dass es i Zuekunft d Milch söll ga reiche. Die us dr Chäserei isch ihm eifach z tüür. Äs chönnt ja vilicht luege für nes Geissli. Das wär chli gäbiger z ha u choschteti sicher vil weniger.

Di drühundert Franke, wo's für ds Chueli übercho het, si nim gar kumod cho, wo du nadisnaa d Rächnige für d Beärdigung vom Hans i ds Huus gflatteret si. Emel die für ds Liichemahl isch schuderhaft hööch usgfalle, eso dass es eim würklech het chönne gschmuecht wärde. Es het ihn's denn dünkt, di liebe Verwandten u Bekannte wölle nid höre mit ässen u glesele. Äs het ds Gfüehl gha, di heige dr Hunger äxtra es paar Tag gschpart, für de so z grächtem chönnen inezlige, ihn's däwäg z rupfe, dass me ds Hüsli schier o no mangleti z verschteigere. Sövel Härdöpfelsalat u sövel vil Hamme het äs mit Hans u de sibe Ching ds Läbe lang nid gässe. Äs het nume druf gwartet, dass si d Täller u d Tassli o no grad würden ineschtossen u womüglech sogar no Tischen u Schtüel aagnage.

Sit langer Zit isch ja chuum meh öpper zu ihnen uf ds Bärgli ufe cho, nidemal meh d Ching so z grächtem, wo si si dobe gsi. Öppen einisch si si so pär Exgüsee cho derhärzwägele, denn we d Ankebire si nache gsi oder süsch öppis, wo si hei gärn gha.

Eismal het ds Änni unger dr hingere Loube de Hüener gmischtet. U wo nes sech abegchrümmt het, da isch's ihm ungereinisch derewäg schwindlig worde, dass es gmeint het, sis letschte Schtüngli heig gschlage. He-nu, so bös isch's du doch no grad nid cho. Aber, wo sech ds Änni wider het bchiimet gha, da isch's ihm wi dr Blitz düre Chopf gschosse: «Wi wär's, we ni bi dere Glägeheit wider einisch dr Pfarrer würd la rüefe? Grund hätt i ja fürgnue derzue.»

Ds Änni isch i ds Purehuus übere gnoppet. So guet, wi's aafänglech het gmeint gha, isch's ihm du doch nid gange. Ab allem Loufen un ufe Haselschtäcke gschtützt, het's ds Gfüehl gha, es zwirbli's angänds z Bode – so het's dräit u gsüngget im Chopf un i allne Glider.

«Eh aber, Änni, wi gsehsch du o dri! Bisch ja chride-wiiss», seit d Püüri ganz erchlüpft.

«Es geit z Änd mit mr... i muess schtärbe», huuchet ds Änni u plötscht näbe Dängelischtock.

«Da muess sofort dr Dokter häre», ergellschteret sech d Püüri.

«Nei, nei», schtosst ds Änni vüre, wi we's würklech siner alleriletschte Wort wäre, «nei, dä cha da nüt meh mache... u ni wott um ke Priis öppen i ds Schpital...»

«Um dr Gottswille, was sölle mr de?» rüeft d Püüri verzwiiflet u verwirft d Häng vor luter Hilflosigkeit.

«Dr Pfarrer ...», bscheidet Änni.

«Aber üser Manne si im Ougeblick all zämen usser Huus, es cha di niemer i ds Pfarrhuus bringe...» seit d Püüri chli ratlos u probiert Änni süferli ufzzieh un i ds Huus ine z begleite. Es gratet ere, d Patiäntin i dr Schtuben uf ds Ruebett z lege.

«Aber – miintroscht – da ghört eifach dr Dokter häre...»

«Nei, i wott nüt meh wüsse vo däm, choschtet mi o vil z vil. Dr Pfarrer muess häre. Dä cha doch gwüss o da ufe cho, dä het schliesslech e Töff», erwideret ds Änni itz schiergar trötzelig.

«Guet, i will aalütten u luege, ob er überhoupt deheimen isch u cha cho.»

Är isch deheime gsi – u het glii drufabe sis Gfährt unger ds Hingere gno – aber nid bevor er no zum Vorratsschaft isch u öppis Chogs i Chuttebuese gschtosse het...

D Püüri het di beide nächär eleini gla. Ds Änni het em Pfarrer sis Eländ gchlagt. Aber si hei nachem Ustuusche vo fiischtere Todesgedanke scho glii wider u ärschtig über ds Läbe gredt. Derzue het ds Änni di ganzi Zit nämlech im verschleikte uf d Büle im Chuttebuese vom Herr Pfarrer gschilet. Äs het's afe gwüsst: Itz chunnt de no dr Psalm dreiezwänzg u dernaa tuet dr Pfarrer d Chutten uuf u zouberet es Päckli Gaffee, es Päckli Aroma un es Päckli Essänz vüre u leit ihm's häre.

«So, da isch dini Medizin, si söll dr wohl tue u di widerumen uf d Bei bringe...»

Chugelirundi Ouge het ds Änni itz gmacht. U wüsset dr warum? Dr Pfarrer het drum hüt grad zwöi Päckli Gaffee bi sech gha – äbe, wüll's em Änni dasmal ja so himellingg gangen isch u me het müesse dranne si mit dr Behandlig.

Äs isch vürcho – zum Glück. Wi scho mängisch äben isch's o hüt no nid grad zum Letschte cho. Im Gaffee isch halt öppis, wo eim am Läben erhaltet, wo wider ufchlepft u nöi wider Muet macht. Die Wiisheit het's sinerzit vo sire Muetter mitübercho – u si het sech ganz fescht iiprägt gha, richtig iibrönnt isch si gsi – o wo nes je länger, descht meh verhürschet gsi isch u alls angere grad nache wider vergässe het.

46

Einisch, a mene prächtige, aber uschaflig chalte Wintermorge, da isch kes Röichli us Ännis Chemi gäge Himel gschtige. Toteschtill isch's blibe.

Gägen Aabe het sech d Püüri ufe Wäg gmacht – übere zu däm schittere Hüttli. Es het ere eifach ke Rueh gla. U si het sech nid tosche. Wo nam Chlopfe niemer isch cho uftue, het si d Falle drückt un isch ine. Kes Füür im Ofe, dinne schier chelter weder dusse. Kes Änni, wo i dr Chuchi desume fuuschtet. Nume d Hüener hei unger dr Loube gagglet u nam Fuetter verlangt.

Änni isch ufem Trittofe gsässe – chalt u schtiiff. Näb sech zueche het's sis Znacht parat gha: ei einzige gschwellte Härdöpfel – u nes Chacheli brandschwarze Gaffee – süsch nüt. Äs isch verhungeret gsi oder erfrore – oder beides mitenang.

D Püüri het em Änni d Ouge zuedrückt, het's uf ds Bett treit, het ihm d Häng gfaltet. Es Momäntli isch si no zue nim gsässen u het ihm i ds Gsicht gluegt.

Bim Purehuus äne het me dr Bäri ghört wauschten u waule.

Me het aagschpannet für d Milch i d Chäserei z bringe.

We öppe dr Herrgott no chli luegt...

Wärti Mitbürger u Mitbürgerinne,
wärti Miteidgenosse!

Me het mi gfragt, ob iig i mire Funktion als Gmeinrat es paar Wort wett usrichte zum hüürigen erschten Ouguscht. I ha ja gseit, wüll süsch niemer het chönnen u wüll iig d Uffassung vertritte, dass die Rede ganz u gar nid us dr Mode grate si, wi me hie u dert öppe ghört säge. I ha zuegseit, wüll hie bi üs hinger ds Züüg no so i dr Ornig isch. Natürlech git's mängisch o Usnahme. Aber di git's ja a allnen Orte.

Gliichwohl – mir wei hüt o übere Dorfrand useluegen i Kanton, vom Kanton i d Eidgenosseschaft, vo dr Eidgenosseschaft i di witi Wält use.

Würden äch die Buebe dert äne so guet si un ihrer Frouefürz nach dr Anschprach u nachem Vortrag vo dr Musig u de Turner ablaa! Me erchlüpft nämlech.

Also – zersch zum Dorf dahie. Uf ds ganze gseh cha me säge, dass es guet schteit. Dr Umbou vom Gmeinshuus geit em Änd eggäge, äbeso di outomatischi Träfferaazeig im Schibeschtang ussen isch chürzlech fertig worde. Als Presidänt vo dr Schützegsellschaft wett iig daderfür dr Bevölkerung dr wermscht Dank usschpräche. Itz het de das, was mr dert mache, dr Name «Schiesse» wider verdienet. Das me cha schiesse, das isch nach wi vor wichtig. I chume de uf das zrügg bi dr Abhandlig vo dr Wältlag.

De hei mr i üsem Dorf no öppis z vermälde, wo nid z verachten isch. Mir schribe schwarzi Zahle. Mir hei halt geng echli Obacht gä bi üsere Usgabepolitik. Die, wo bis dert- un änenuse Schulde gmacht hei, di si i üsne wirtschaftlech schlächte Zite schtrub dranne.

Hie bi üs hinger gschpüre mr das alls nid, wüll öppe no jede sälber cha luege. Einzig ds Hotäl Alpeblick het weniger Übernachtunge – derfür chehre mr de dänk nach dr Bundesfiir no chli dert ii.

Mir hei o nid derewäg e Sach mit Drogen un ähnlechem.

U da drmit chämte mr zur Jugend. Wüll si no müesse wärche, hei di Junge gar ke Zit, uf die schiefi Bahn z cho.

Truurig isch im Momänt, dass ds einten oder ds angere nach dr Lehr ke Schtell fingt.

Im Name vom Gmeinrat wünschen iig de junge Lüt vom Dorf witerhin Usduur u guete Muet. U de heisst's äuä, dass si ihrer Anschprüch müessen abeschrube. Mir hei i de driissger Jahr o uschaflig ungerdüre müesse, nächär isch me loufend im Dienscht gsi – und so witer. Es bruuche ja nid schier vor jedem Purehuus drü bis vier Outo z schtah. Das muess eim ja uffalle, ob men itz wott oder nid.

Zum Kanton. Dr Kanton het massivi Problem, nid nume finanziell. Är muess sech überlege, wo ner no cha schpare. I wüsst wo. Aber das ghört nid dahäre. Uf all Fäll wird eifach z vil Züüg organisiert, wo nid nötig wär. Säge mr's einisch eso. U de müesst men üsi Kantonalbank privatisiere, eso dass me d Fähler nümme meh ufe Schtüürzaler cha abschiebe. Für das wärchen iig jedefalls nid vom Morge früech bis am Aabe schpät – für dass zum Bischpiil so ne Herr Rey da irgendwo uferen Insle cha sünnelen uf üsi Rächnig. Da sit dr sicher mit mr einig. Das geit nid uuf. Es git no vil, wo nid ufgeit.

Da drmit chöme mr zur Eidgenosseschaft, däm komplizierte Wäse.

Aber iig bi geng no schtolz, dass iig e Schwizer bi. Trotz allem, wo verchehrt louft. Nenne mr nume d Drogepolitik u d Asylpolitik. Natürlech isch's da unghüür schwär z beurteile, was rächt isch u was nid. Aber einisch müesst me halt e Schtriich drunger machen u fertigschluss säge. Aber das isch o nid so eifach.

Was no isch: Wi dr wüsst, hei mr ja wider e Bundesrätin, e Magischtratin – vo dr angere Partei. Aber so wi's usgseht, schiint si ihri Sach rächt z mache. Si het's ja o nid liecht – so als einzigi Frou näbe dene sächs Manne.

Z erwähne git's no d Landwirtschaftspolitik. Hoffe mr, dass es da ändleche vorwärtsgeit. D Landwirtschaft isch iren üble Situation. D Pure schtärbe langsam aber sicher uus, we das eso witergeit. Vilicht wär me de wider einisch froh um ne beschtimmte Sälbschtversorgungsgrad wi wäret em letschte Chrieg. We nüt passiert, de müesse mr is vorem Täll u Winkelried de glii einisch schäme. Mir wei ja nid dr Tüüfu a d Wang male, aber me weiss ja nie. O di alten Eidgenosse hei nie gwüsst, was vo usse chunnt, wenn dass si aagriffe wärde.

Da drmit chämte mr zum Schluss no uf d Wältlag z rede.

Di gwaltigen Umwälzunge vo de vergangene Mönet u Jahr überchöme mr natürlech o i üsem Land z gschpüre.

Dr Kommunismus het sech nid bewährt. Das ha ni geng gseit. Aber dass die Sowjetunion so gleitig zämechruttet, das hätt niemer dänkt. Un itz chöme d Problem zum Vorschiin. We nüt gwärchet wird, de geit natürlech alls kaputt, d Hüser, d Induschtrie, d Landwirtschaft. Da heisst's itz ufbouen un i d Häng schpöie. Si si ja truurig, di Bilder, wo men öppen i dr Zitung gseht. Di angeri Site, d Chehrsite: Itz wird ds Volk nümme ungerdrückt, itz wird gchrieget, was si vorhär ja äbe nid hei chönne. U di ganzen Usenangersetzunge schtelle natürlech o ne Bedrohung für üsi Heimat dar. Bi de Serben isch ja übrigens scho dr Erscht Wältchrieg losgange. Die Lüt, wo dr schwizerisch Wehrwillen ungergraben oder sogar d Armee wei abschaffe, di ghören a nes angers Ort. Baschta. Es git doch süsch no gnue Eländ i dr Wält usse. Di chönnte sech doch mit däm befasse. Ig erwähne dahie nume dr Hunger u di vilen Überschwemmige. Si mr doch froh, dass mr hie bi üs weder ds einte no ds angere hei, dass es geng öppe rägnet, aber o nid z vil. De het men o gnue z ässe. O we mr müesse wärche drfür, so sölle mr doch dankbar si. Für vil Jungi wird alls zäme so gleitig zur Sälbverschtändlechkeit. Das isch ke Wärtung. Das isch eso.

Zur Zuekunft no: Mir hei's o ohni Bodeschetz zu öppis bracht, mit Fliiss u Präzision. Mir wünsche, dass mr uf dä Wäg d Wirtschaft wider chöi aakurble.

Un iig rüefe zum Schluss uus: Häbet Sorg zu üsem Land, häbet Sorg zu dr Landwirtschaft u zu dr Natur! Häbet Sorg zu de Chranken u zu den alte Mitmönsche! Häbet Sorg zu üsem wärte Vatterland! U we öppe dr Herrgott no chli luegt, de chunnt's mit Beschtimmtheit guet.

I ha gschlossen u danken allne zäme für d Ufmerk-
samkeit.

Merci!

Mond-Chrischte

We d' ire klare Nacht anschtatt i ds Bierglas oder i d Fernsehschiben a Himel ufe luegsch, dr Mond i ds Oug fassisch, we ner sech vo sire beschte Site zeigt u schön chugelirund isch, de gwahrisch nämlech dert dä arm Holzhacker, wo vor Jahrhunderte zur Schtraf uf üsen Ärdtrabant verbannt worden isch.

Wi het das chönne passiere? Vilicht chönnt me säge, dass dr Liebgott früecher no schtränger druf gluegt het, ob d Mönsche sini Gebott tüege reschpäktieren un iihalte – u dass d Schtraf für nen Überträttig dämnaa o vil herter gsi isch weder hütigstags. Das zeigt ja üsi Gschicht mit aller Dütlechkeit.

Het also dä Chrischte vor Zite – anschtatt z Predig z gah – im Wald obe gwedelet, amene heilige Sunntig. Ganz sicher het doch o är i dr Ungerwisig glehrt, dass men a däm Tag nid söll wärche, dass dr Sunntig em Liebgott ghöri u dass dr Mönsch denn söll löie, sech uf sich sälber un uf si Schöpfer söll bsinne.

Es cha scho si, dass Chrischte juschtamänt a däm Sunntig deheime ke Rueh gha het zu dere Bsinnig u dass er nid het chönne zur Chilchen abe fahre, wüll ds Ross chrank gsi isch...

Zu allem zuechen e Räblete Ching i dr chliine Schtube, es närvöses Annelisi, Türegschletz rundumen u Hüenergagglen i dr Chuchi – oder weiss dr Schinter was. «Jä nu», het er emel dänkt, «sächs Tag lang nüt weder Gschärei u Bösha – un am Sunntig zum Dessär no di schtrüberi Metti... Geisch i Wald, so chunnsch wider chli zue dr sälber.»

Also isch dr plaget Husvatter ds Schtützli uuf em Wald zueträppelet u het de Vögeli abglost. Ungsinnet aber isch er vor sim Wedelebock gschtange. Drnäben isch e Bärg vo Tannescht gläge, wo scho lang druf gwartet hei, dass sen öpper verhüzt. Eigetlech het Chrischte aafänglech gar ke Gluscht gha zum Wärche, aber en uschaflige Drang zum Abreagiere isch in ihm ufgschtige. So het ne d Versuechig ungereinisch übernoo, het er sech eifach vergässe. Ohni lang z wärweise, het er Ascht um Ascht ab dr Bigi gschrisse, ds gröbschte Chriis abgschtreipft u di Schtangli mitem Gertel abenang ghacket. Ab allem het er vor sech häre brümelet: «Was über Ort isch, isch über Ort.»

Är isch mit sim Wärchzüüg äuwäg so unerchannt druflos, dass es dr Liebgott het müesse ghöre u ne de dänk z Red gschtellt het; i cha mr's nid angers erkläre. U wi mr wüsse, nützt i settige Momänte ke Usred meh – öppe, dass em Sunntig ja o gschwunge, tanzet, sogar füre Märit Zibele abghültschet u Gmües grüschtet würd im Tenn. Dr Liebgott het Chrischte nid numen i ds Gwüsse gredt, nei, ds Urteil isch i däm Fall klar gsi. Dass Chrischten einisch a dr Uffahrt Schwiren iigschlage het uf dr Weid, het er ihm no düreglaa un es Oug zuedrückt. Dr Übeltäter het sech dahii verteidiget, dass er schlicht un eifach nid gwüsst heig, dass dä Sunntig amene Wärchtig sig. Aber itz het's i Gotts Name nüt meh gä z märte. Chrischte het dr Wäg ufe Mond ufe müessen aaträtte. Sim Annelisi het er nidemal meh chönnen adiö säge, so gleitig isch's gange –

verschwige het er's chönne mit sech näh. Vermuetlech wär's, we's d Weli gha hätt, doch lieber im Schachehüsli blibe – bi dr Chatz u bi dr Gibe, bi de Hüener u bi de Ching. Hingäge dr Wedelebock, dr Gertel u ds Hacktotzli un es gäbigs Quantum Wedeleholz het Chrischte müessen ufe Buggel lade, Hals über Chopf äben uf dä Mond ufe, ga Modäll schtah – als Mahnig u Fingerzeig für all zäme, wo ds Gfüel hei, es machi rein gar nüt, we men o am Sunntig tüej härdöpfele, höien u holze, Velo flicke, betonieren u Söi metzge.

Weiss nid wi vil Jahr schpeter, wo d Amerikaner ufe Mond gfloge si, dert obe desumeghopset u desumegfahre si, het men im gheime ghoffet, me träffi dä Chrischte vilicht irgendwo – we nid, halt nume si Wedelebock. Mir wüsse's vo Zitig u Fernseh: Nüt vo däm allem isch zum Vorschiin cho. Tuet ja witers o nüt meh zur Sach. Annelisi isch längschtens im Härd u siner Ching o.

Warum dass dr Liebgott usgrächnet nume dä Chrischte ufe Mond verbannt het? Das isch mr ganz klar. Vilicht müesste mr is doch no folgendes überlege: Wär üse Schöpfer uf die Art u Wiis konsequänt blibe bis hüt, so müesst's dert obe förmlech ragle vo Lüt, ja unger Umschtänd wär di Latärne so schwär worde, dass si abgschtürzt wär. Weder mir bruuche ne no, dr Mond, nid nume für d Tröimer, d Kunschtmaler u d Dichter, nei, mir bruuchen öppis, wo nis hei züntet, we mr ufem lätze Wäg si . . .

Jä gäll, so geit's

Es isch emal es Ross gsi.

Es Ross? Was isch das scho Apartigs? So fraget dr nech vilicht. Aber es isch äbe gar nid es gwöhnlechs Ross gsi, oh nei! Sächs Bei het's nämlech gha, zwee Schwänz u drü Ouge. Ja-ja, dir heit richtig glost: sächs Bei, zwee Schwänz, drü Ouge. Eh wi het das alben uheimelig tönt, we's im Trab drhärcho isch – u wi's de ersch drigluegt het. Mit eim Oug het's em Chnächt zueblinzlet, mitem angeren i Habersack abe gschilet – u mitem dritte het's d Zitig gläse.

Aber das Ross het nid nume chönne läse, sondern o no rede, Dütsch u chli Französisch. U bis hundert zelle, das het's o chönne. U we's de albe mit sim schöne Bariton alti Vaganteliedli gsunge het im Schtall, da hei d Chüe vor luter Schtuune ds Muul offe vergässen u überhoupt nümm a ds Widerchöie dänkt.

Aber das Ross het no meh chönne. Äs het si Schtall sälber gmischtet, dr Chomet sälber aagleit un abzoge...

Was für nes intressants, was für nes praktisches Ross, dänket dr sicher... Eis, wo uf all Fäll meh cha weder nume Brot ässe...

Natürlech, ja... Für was si de di zwee Schwänz gsi? Das isch eso: We albe d Bräme schwarmswiis drhärcho si un em Ross ds Bluet hei wöllen us em Buuch sugge, de het's mitem einte Schwanz nach linggsumen u mitem angere nach rächtsume di läschtige Viecher chönnen abwehre...

Das alls het natürlech e Zirkusdiräkter verflüemeret intressiert, wo ner di Sach vo däm ussergwöhnleche Ross i d Nasen übercho het – u ner het sech no am gliiche Tag uf d Socke gmacht.

«Es settigs Ross», het er ungerwägs geng wider dänkt, «es settigs Ross – heiterefahne – das füllt mr d Zirkuskasse im Handumdräije, un i wirden e riiche Maa.»

Für nen unerhört hööche Priis het's dr Puur du däm Diräkter abträtte, für sage und schreibe zwöihunderttuusig Franke.

Aber wi's de mängisch so cha ga im Läbe: Eis het dä guet Tscholi ab allem Handle vergässe gha –, dass das Ross näbscht allem o no het chönne zoubere.

Huiiiii!

Dr Zirkusdiräkter het's i nes derigs Wunderross umzouberet, dr Puur i nen alti Achermäre – u sich sälber het's zum Zirkusdiräkter gmacht.

Ha-ha-ha-ha.

Da hei si gha für zwänzg, di zwee Schlaumeier.

Wi die gwiheret u grühelet hei – gwüss zum Verbarme! Aber itz isch's z schpät gsi, es het nüt meh abtreit. Itz galoppiert dr Diräkter schier jeden Aaben als Wunderross dür d Manegen, u ds ehemalige Ross chlepft als Diräkter mit dr Geisle drzue, dass ds Sagmähl numen eso i dr Luft desumeschtübt. U we ner schön ds Mandli macht, abchnöilet oder zur Musig walzeret, de überchunnt er es Zückerli als Belohnig. Dir fraget nech sicher no, wo de dr vorhärig Besitzer vo däm Wunderross itze chönnti si?

I cha nech's verrate: Dä piischtet u gruchsnet als Achermären im Ämmital a de Höger desume, z düruuf u z dürab, dr liebläng Tag, dass ihm am Aabe ds Lige weh tuet. Dr Habersack überchunnt er höchschtens a dr Wienachte z gseh u dr Rossmetzger isch scho meh als einisch ga luege, ob's nid glii nache sig ... U wär das nid gloubt, dä zalt e Batze.

Da ligt doch dr Hung verlochet

«Isch das müglech? Het's mitüüri scho drü gschlage. Di Zit geit aber tifig ume. Hüt wenigschtens wider einisch.

We's dr gliich isch, de blibe ni no nes Momäntli: Uf mii wartet ja niemer. Scho sit em ne Jahr nümme, sit em letschte Juli nümme...

Früecher si mr zu dere Zit alben ab i d Ferie, meischtens a d Adria. Itz verma nis hingertsi u füretsi nümm – bi denen Alimänt, wo ni muess la lige. Tschumplet me halt hie echli i dr Gäget desume. Das het o sis Guete. Eso ha ni itz dii chönne cho bsueche, zmitts am Namittag. Hoffe mr, dass mr scho glii wider ües Jässli chöi ga chlopfen im Rössli – nam Füraabe.

I weiss nid, ob's o scho ghört hesch? Em Tönu sini isch o dürebrönnt. Di wont itz bi ihrem Fründ, wo schiints öppe zwänzg Jahr elter isch. Aber es Gschäft u ne Huuffe Chlotz heig er. Da ligt doch dr Hung verlochet. D Madame schpile, nüt meh wärche, di angere desumejage, Tennis schpile, mit de Vürnäme käfele – das machi si itz. Aber si gsei um ke Brosme glücklecher uus, obschon eren ihren Alt e Ferrari zalt heig.

Gäld macht äbe nid glücklech. Eismal ha ni grad im ne Heftli gläse, dass d Tina Turner fasch jede Tag vo ihrem Maa abgschlage worde sig – u das jahrelang u grad i dr Ornig. Di heig albe mit blaue Mose, sogar mit brochene Rüppi müesse ga singe. Ihren ehemalig Alt het doch Gäld wi Höi. Guet, schpäter het si sech la scheide. Aber i ha dänkt, das müess mir no nes Züüg sii, ga z singe, we eim alls zäme weh tuet. Mir isch's uf jede Fall o nümm um ds Singe. Dr Jodlerklub ha ni scho sit em ne Chehr a Nagel ghänkt. Aber das weisch du ja.

Di Riiche hei äuwäg mängisch meh Problem als me meint. Üse Boss höchschtwahrschiinlech o.

Du bisch nöime nid grad eso gschprächig hüt? Aber da i däm Schpital, geng im Bett...»

«Exgüsee, i bi mitüüri grad echli iignickt. Muesch mi entschuldige. I ha das nid wölle...»

«Eh, das macht öppe nid eso viil... Schmöckt das eigetlech geng so komisch da inne? Das schmöckt ja fasch wi imene Farblade oder ineren Outowäschaalag. Vilicht dörfti ds Personal o chli fliissiger cho lüfte. Nid nume ds Oberliecht chli kippe, i meine, d Löcher vo Zit zu Zit ganz uftue. Di näme's öppen o nümm so tragisch wi früecher. Wo ni cho bi, si si i ihrem Chrume ghöcklet u hei groukt. Vori, wo ni use bi für uf d Toilette, si si o dert ghocket. Da si de nid nume d Dökter tschuld, dass me d Chrankekasse itz de nümme cha zale, sondern o di settige. Schiints sige Lüt scho gschtorbe, wo dr Schwöschter glütet heige. Di heige drum zersch ds Zigarettli seelerüehig fertig groukt – u derwile sig's äbe passiert. Mir hei so öpper i dr Verwandtschaft gha, wo das eso oder ähnlech passiert isch – u de nid öppen öpper Alts – das gieng ja no. Nei, zirka vierzgi isch si gsi, mit Maa u vier Ching.

Ja-ja, Mändu, bi üs rückt's ja o scho ganz schön gäge di Sächzge. Für mii isch dr Zug uf jede Fall abgfahre. Nume no chrüpplen u zalen u nüt meh ha vom Läbe. I ha scho mängisch dänkt, i gumpi de öppen über d Lorrainebrügg uus – wi dr Dällebach Kari sinerzit, we dr das öppis seit. Vo däm het men o gmeint, das sig numen e luschtige Cheib, dä mögi alls verlide. Derbi het er Depressione gha, dass er's nümm usghalte het.

Da cha me gseh, wi sech d Lüt mängisch chöi tüüsche, wi si komplett dernäbe chöi houe mit däm, wo si sägen u mache. Oder schtimmt's nid?

Heee!

Hallo!

Märku!

Pfuusisch so fescht?

De ga ni itz halt u la di la schlafe.

Chasch di nid umchehre?

Wart, i hilfe dr...

Schtärnebärg, dä isch doch nid öppe gschtorbe?! Dä isch ja chridewiiss – u schnuufet fasch nümm.

Mir blibt de bim Tonner scho grad gar nüt erschpart.»

Es Zwänzgi isch es Zwänzgi

Huslig si si, Schpältis, nid grad Rappeschpalter, gwüss nid. Dr Name chönnt eim, ohni dass me's grad wett, uf so ne Gedanke bringe... Aber we me sibe Ching het gha zum Ufzieh – u de ersch alls zäme Buebe, wo jeden e Lehr het gmacht –, de het's halt gheisse luege u schparen a allnen Eggen un Ändi. Mängisch isch's gliich fasch ufe nes Raggeren u Rappeschpalten useglüffe. Nume d Zite si ja o enorm schlächt gsi, d Löhn meh weder miggerig.

Nie hingäge chönnt men also bhoupte, dass Marie u Johannes vom Gittüüfu gritte würde. Dä preicht de ender die mit em ne dicke Portemonnaie u re feisse Brieftäsche. U ne gueti Läbtig isch das schier wäger o nid, we me dr Liibhaftig Tag u Nacht im Äcke het, we ner eim schtändig i Gäldseckel göijet un uschaflig mit dr Geisle zwickt, we d' eigetlech uf d Wienachte hii es Zwänzgi i Blächchübel vo dr Heilsarmee wettsch gheie.

«Es Zwänzgi isch es Zwänzgi», chüschelet dr Ufsässig i ds Ohr, «mit däm Gäld chasch vier Druckli Zündhölzli choufen u weiss nid wi lang wider ganz ghörig iifüüre!»

Ja, d Zämehäbigi isch dene beidne halt du blibe. Warum d Schue wächsle, we di alte no ganz gäbig zwäg si un ihre Dienscht geng wi geng verseh? Zueggä, d Sole si hingernachen u vornachen afe ghörig rund, aber es macht fasch gar e vürnämi Gattig, we dr Johannes em Schtedtli zuegnoppet für Brot u Milch z holen u de so artig uuf un ab waupelet – wi eine, wo grad ufere Mittelmeerchrüzfahrt isch.

Wi gseit, me het a dr Schueform, aber o a dr müesamere Gangart vom Johannes chönnen abläse, dass d Läbesjahr gmehret hei u dass allergattig Bräschten u Müeseligkeiten i ds Hüsli iizogen u mit ufe Wäg cho si. Si hei nie gross Schprüng gmacht – mit was o? U hüt, da geit's eifach nümm. U we me i Gotts Name nümm so guet gseht u ghört – was het me scho vo so re Reis? Nüt weder ds Gäld vergüdet wär das i däm Fall. Wohl, öppen uf d Altlütefahrt vo dr Chilchgmein si si albe gange. Aber o das ghört dr Vergangeheit aa. Warum? Wüll itz d Teilnämer sälber öppis müesse zale, vowäge – es würde sech geng wi meh Betagti aamälde. D Überalterig halt, wi si so schön gschribe hei im Chilcheblettli. Einewäg, me ma itz eifach nümm, di Reise si z aaschträngend u göh vil z wit, me cha nid uf d Toilette, we dr Chauffeur eifach zwo oder sogar drei Stung lang dürefahrt ohni z halte – u einisch wäre si bimene Haar mit em ganze Car über ne Flue usegschtürzt, wüll si so ne junge Halouderi vom ne Chauffeur gha heige. Dä heig sech i de Bärgen obe weder Gix no Gax usgchennt u nen Abchürzig gno über nes tonner schmals Schträssli, ender e Wanderwäg sig's gsi. Es heig em Car hingernache sogar d Siten ufgschlitzt. De Lüt heig's nüt gmacht. Wohl doch. Zwöine sig's so gschmuecht worde, dass di beide Samaritere dr ganz Cognac bruucht heige, für se wider zur Bsinnig z bringe. Aber vil heig's nid battet. Dä heig sen äuwäg no schtürmer gmacht. Dr Dokter heig sen emel deheime no gründlech müessen ungersueche ...

68

«Nei – mir si gwüss wääger z alt für settigi Aa-
betüür», hei Marie u Johannes bhouptet, wo dr Pfarrer
einisch uf Bsuech cho isch u se dernaa gfragt het u für
di nächschti Reis het wöllen iilade.

«Mir hei nie gross Gümp gmacht – mir si am lieb-
schte deheime, je länger, descht meh – he ja, we me de-
rewäg ärschtig gäge die achzge rückt», het Marie em
Pfarrer Abchabis gä un em Johannes zueblinzlet.

Dr Johannes, wohl, dä chönn öppe no besser, sig no
gäbiger z Fuess als sii. Är göng jede Tag use; weniger
unger d Lüt, aber i si Wald ufe, da göng er für ds Läbe
gärn.

Im Grund gno sig är e Naturmönsch, sig bim Puren
ufgwachsen u heig geng liideschaftlech gärn dusse
gwärchet, het ds Marie mit grossem Iifer aafa verzelle.
Aber wi das äbe denn gsi sig: es heig bi witem nid
glängt für alli ufem Hof. Eso heig o dr Johannes sis
Pünteli müesse packen un i dr Frömdi ds Brot ga ver-
diene. Sit guet sächzg Jahr sige si hie aasässig, vierzg
Jahr lang heig dr Johannes i dr Fabrigg äne gschaffet,
als Magaziner zletschtuse. I junge Jahre sig er im Eriz
no Mälcher gsi. Aber wo du eis Ching nachem angere
aagrückt sig, da heig's eifach nümme glängt. Vogel
friss oder schtirb, so heig's gheisse. U glii druuf sige si
äbe dahäre cho u de o blibe, nid wüll's ne gfalle hätt,
gwüss nid. Nei, wüll si i de Krisejahr ke angeri Wahl
gha heige, wo me für alls heig müesse froh u dankbar
si, sogar für ds Ruren u Hässele vom Chef mängisch. U
sii, si heigi über driissg Jahr lang d Barriere bedient
vorem Hüsli usse. Itz göng ja alls zämen outomatisch.
Aber äbe: da sig me de aabunge gsi – Tag u Nacht, da

heig's de nüt ggä vo Desumereislen u Vagante. Nid emal einisch z Tanz heig me chönne. Di Junge würde sech hüt schön bedanke – u meine, we si grad einisch nid zu ihrem Vergnüege chämte, würdi grad d Wält ungergah.

So het d Maria Schpälti brichtet – u der jung Pfarrer het im Verschleikten afen uf si Uhr gluegt. «Eh, i blibe no nes Momäntli», het er dänkt. Der Regulator het e Schtung weniger aazeigt, wüll Schpältis beschlosse hei, si wölle das nöimödische, verdräite Züüg mit dere Summer- u Winterzit nümme aafa. Em Herrgott a dr Zit umeschrüble, das isch eifach e Sünd, hei si sech gseit.

Dr Johannes isch ganz schtill i sim Lähnsässel u het dr Chopf vorabe. Ersch wo's us sim Eggeli use rapset u raschplet wi uf dr Sagi äne, da louft ds Gsicht vom Marie rot aa un es schtagglet verdatteret: «Em, em, müesst entschuldige, aber mi Maa wird ja o nid jünger. Är schlaft vil ii i dr Letschti – sogar bim Ässe. U – u – hüt isch er dr ganz Vormittag lang im Wald gsi – ga holze. Müesst würklech entschuldige, Herr Pfarrer...» Dä nickt u seit, si söll ne nume la si, zelebriert zum Schluss no ne Psalm oder öppis Ähnlechs, bevor er zur Türe vom schuderhaft schittere Bahnwärterhüsli i d Freiheit use schrittet.

Potz Millione, ja – em Johannes si Wald! Sis Riich, si Wält, wett fasch säge sis Heiligtum... Hie isch er sit jehär für sich gsi, ganz für sich – we ner het wölle. Är het aber o mit de Vögel u mit den Eichhörnli chönne rede, we's nen aacho isch. Oder vo Zit zu Zit mit em ne Reh oder em ne Fuchs. Däm het er de öppe dr Drohfinger zeigt u la verlutte, är söll gfälligscht bloss das näh,

wo ner zum Läbe bruuchi un um dr Gottswillen em
Marie d Hüener i Rue la, süsch heig o är nämlech de
siner Schtierenouge gseh uf dr Röschti. Oder de isch's
sogar vorcho, dass ihm dr Herrgott ebcho isch im Wald;
de isch ihm o das Lied i Sinn cho, wo si i dr Schuel ei-
nisch glehrt hei, di Schtrophe, wo's ja drinne heisst, dass
dr Liebgott düre Wald würdi ga. Johannes het weniger
d Andacht pflegt mit em Schöpfer, het ihm aber um so
meh sis Leid gchlagt, über si Verdruss brichtet, wo ner i
dr Fabrigg gha het. Wohl, de het's ihm doch de albe
ghörig glugget u gwohlet – u ner het wider möge drifah-
re mit sim Gertel. Aber o das isch verbi. Är ma nümme
holzen und schnätze wi früecher. D Arthrosen isch ihm
nid numen i d Chnöi gschosse, sondern i de letschte
Mönet o i Äcken un i d Achsle… U di Schmärze, wo
nächär dür alli Glider schiesse wi elektrische Schtrom,
un alls Iiriben u Salbe nüt meh battet… «I la mi nid z
Bode drücke», seit Johannes albe bim Ufschtah, «wär
sech nid wehrt, blibt lige… plötzlech für geng…»

Drum porzet er o hütt dr Hoger uuf – em Wald zue, i
dr lingge Hang dr Haaggeschtäcke, mit dr rächte häbt er
sech hie am ne Zuunpfoschte, dert a re Muur – u witer
obe de no a däm u däm Boum.

Johannes het sech mit dr Zit si ganz eiget Wäg pfa-
det, un es chönnti si, dass me di Wägschpur mit blos-
sem Oug entdeckt, we men emel guet luegt. Eso män-
gisch isch dr Johannes dert z düruuf u z dürab i dr
Letschti – jede Tag mindeschtens einisch…

«Dert obe! Dert obe!» Nei, är seit's nid, dr Johannes, är
düet mitem Arm – verzwiiflet. Är ligt im Bett. Wi ne

Blitz us heiterem Himel het ne dr Schlag troffe. Är probiert z rede, aber es geit nümm. Ds Marie u dr Dokter ghöre nume no nes Chiichen u Chürchle, zwüschedüren es paar Tön, wo scho im Hals oder uf de Lippe schtärbe. Geng wider dütet er zum Wald ufe. Was das äch söll bedüte? Plötzlech schpringt ds Marie vom Schtuel uuf u rennt was gisch was hesch i d Chuchi use, drufabe ghört me's d Chällerschtägen ab troglen un überall Büchsetechlen uuf- u zuetue. Usser Aate chunnt's wider zrügg.

«Ds Gäld isch ewägg! Üses Gäld isch ewägg!» brüelet's dass Gott erbarm, «alls, wo mer dür di Jahr düre gschpart hei für üser alte Tage! O, hätte mer's doch uf d Bank ta! Aber Johannes het nid wölle – är isch z misstrouisch gsi... ja, wüll mr Gäld verlore hei vor Jahre... O, Johannes, Johannes! Was hesch du gmacht?!» brüelet ds Marie i dr Chuchi usse – u wo's gäge ds Schtübli zuegeit, zuckt's plötzlech zäme: «Herrjemersch – du hesch's doch nid öppen im Wald obe vergrabe, Johannes?! – Johannes! Säg doch öppis! Um dr Gottswille, säg, wo isch üses Gäld?!»

«Pscht! Chömet wider zue nech», macht dr Dokter hübscheli, «öie Maa isch gschtorbe... Mis härzleche Biileid, Frou Schpälti...»

«Dahie – zwüsche Meiers Schüürli unem Nussboum isch er doch geng z düruuf... Doch, doch – u bis dert ueche zu Bärgers ha ni dr Johannes geng no möge gseh vom Fänschter uus...», süüfzget ds Marie Schpälti. Aber de git's hundert Wäg u tuusigi vo Böim, wo zum Gäld chönnte füere.

«Wo hesch o ds Gäld? Üses suur verdiente Gäld, wo mer is mängisch gnue o vom Muul abgschpart hei?»

Ds Marie weiss nid, ob's zum hundertschte oder zum tuusigschte Mal uf däm Boumschtrunk sitzt u chli probiert z verschnuufe – ds Gartechräbeli u ds Schüfeli i dr Hang.

«Isch das itz würklech alls, wo mr am Ändi vom Läbe no blibt, nach allem Wärche, Husen u Chummere?»

D Träne netze dr Boumschtock – es wird chalt, biissig chalt.

D Nacht sänkt sech über d Böim.

Balebärg

Erni! Erni! Wart doch no hurti! 's isch wichtig! Dr Ungerrock luegt dr ungerfüre... U de ha dr hie no dis Biliee. Tuesch's am beschte am Chragen aamache, dass me grad gseht, dass mr dr Iitritt zalt hei. Nid dass es wider so nes Gschtürm git wi eismal, won i mit em Röbu dr Mätsch Bärn gäge Biel bi ga luege. Eh du auso, hei die dert es Gheie gmacht. Aber das isch ja itz öppis ganz angers dahie.

Dr Balebärg söll das also itze si. Dä berüemt Balebärg. Balebärg? I gseh nid ii, wiso dass das ganze Züüg da e Bärg söll si... Oder han i öppe nid rächt? Das isch ender es Tal, es Baletal – oder beschtefalls sött's Balehubel heisse. Wüll – di hööche Tonnere ghöre ja nid derzue. Zum Bischpiil ds Brienzerrothorn...

Nei, das dert isch's. Das weiss ig itz haargenau. Mir si i dr sächste Klass dert ufen uf d Schuelreis. Das vergissen i nie, wi Bärgers Chrigu un iig schtereo uf dr angere Siten über ne schtotzige Felsen use brunzet hei. Es paar Minute schpäter si zwo Froue dert z düruuf cho u hei ta wi am Schpiess. Ob mir di Söiniggle sige, wo uf ihres Picnic abe bislet heige? Wo äch üse Schuelmeischter sig? Natürlech, tüpisch: niene. Weler vo öich si das gsi? hei si päägget. Aber alli hei eifach d Achsle glüpft. Ja, denn het me no zämegha, potz Cheib. Das si no Zite gsi. Da isch albe no öppis glüffe, das isch albe no originell gsi.

Hüttigstags hocke si nume no desumen u tüe drögele oder si ire Sekten oder schtudiere Dokter, we's dr Alt zalt.

Losisch überhoupt zue?

Öi-öi-öi – das muess mir ja es Läbe gsi si da inne. Nid emal graduuf schtah chasch dahie, derewäg wit unger isch d Dili. I verschtah das nid. Denn hätt me doch sauft meh i d Hööchi chönne boue. Denn het's doch no Holz gä zum Versoue, denn hei si no nüt vom Waldschtärbe gwüsst u gschtürmt. Da het de eine no Reschpäkt glehrt, potz Liebergödu, wen er jedesmal e Knieböigi het müesse mache, we's gchlopfet het un er d Tür het müesse ga uftue...

Un uf Loubseck pfuuse... Oder was Cheibs isch da drinne? Mou, gschpür, es isch tatsächlech dürrs Loub. Da hei mer's itz i dr Schwiz scho afe besser. Aber mir müessen o chrampfe derfür im Gägesatz zum Usland.

Lüüs u Flöh u Wäntele u Ratte – das hei si dänk öppen als Huustier vermöge. Höchschtens no nes Chueli oder es Geissli – uf Abzalig. Hüt macht me's öppe gliich mit de Chäre. Zersch choufe, nächär abschtottere. Guet, mir hei sinerzit üsi Usschtüür ja o uf Abzalig gha. Aber was hei mer angers wölle? We di Alte gschtürmt hei, es miech sech de scho souschlächt, we mer numen i Harassli würde huse. Gschämt hei si sech, nüt angers. De Junge isch das hüt hundewurscht. Da hei's de die hie inne doch widerume gäbiger gha. Di hei eifach gno, was so desumeglägen isch – u mit däm het me ghushaltet.

Du, chehr di bitte no einisch um... Mou, i ha doch rächt gseh. E Fettfläcken a dim Rucksack! Das git's doch nid! Das isch doch wohlöppe nid vo dr Wurscht? Di Metzger wüsse o afe nümme, wivil Schmutz dass si wei i de Würscht verschtecke, di Heidugger... Wäre mer doch hingerenang glüffe u nid näbenang, de hätt iig di Kataschtrophen ender entdeckt.

So ne Mischt!

Chumm, pack dä Plunder einisch uus, dass mer chöi luegen u das Züüg besser iipacke. Für's z ässe han i mitüüri im Momänt grad ke Gluscht meh ...

Wi chunnsch du derzue, chalti Bratwürscht iizpacke? Di müesse ja dr Schmutz la ga u düredrücke. Wiso hesch nid e rächte Bitz Ämmitaler iipackt oder süsch öppis, wo nid so mooret? Im Momänt isch sogar Aktion für en Ämmitaler. Nume zwölf Franke ds Kilo. Itz, wo si ne de Amerikaner nid no billiger chöi ablifere, müesse mer ne sälber bodige. Das hei mer itz vo dere Subväntionspolitik. Das isch doch überhoupt ke Politik.

So isch das uf dere Wält obe. Chöm no nache, wär wöll. Früecher hei si i dene Purehüser da öppe no sälber gwurschtet u gchäset u de nächär o gwüsst, was si frässe.

We d' dr Kasseschturz luegsch, darfsch ja schiergar nüt meh frässe, müesstisch ja verhungere – so wi die i dr Dritte Wält.

Es isch halt früecher gliich mängs besser gsi weder hütt, da nime dr grad Gift druuf ...

Was mache mer o mit däm Fläcke? Praktisch e nöie Rucksack ... Un es dünkt mi, d Lüt luegi di alli zäme so komisch aa vo hinger. Villicht chönnt men öppis übere Rucksack hänke, dass me dä Flaatsch nümme gseht. Chumm, zieh doch dr Pullover ab – u nächär binge mer dä druuf u lö ne uf dere Site schön la abehange, dass me nüt meh gseht.

Merci vilmal – u chumm, mir wei no chli fürersch, süsch hei mer de bis zletscht nid grad dr Huuffe vil gseh.

Für das wäre mer de scho nid vo Langethal da ufe gcharet – eifach für nüt ga z luege...

Dass das itz uf alls ufe no muess rägne – u mir hei üser Rägeschütz im Outo gla.

E auso. Si hei ja überhoupt nüt vo Räge gseit am Radio. Aber hie i de Höger isch me ja nie sicher. Hätt mer o vorhär chönnen i Sinn cho. U dir vilicht o.

I wett d Oberländerhüser gliich no ga luege. Holz isch geng heimelig gsi, da cha niemer öppis säge.

Gänf, Waadtland u Jura chöi mer grad vergässe. Mit de Wältsche han i sowiso nie öppis chönnen aafa. Mir hei e wältsche Kadi gha im Militär – so ne verruckte, tüüfusüchtige Cheib. Für was dass die ihrer Hüttene o no müesse da ufe schtelle, das geit mir jedefalls nid i Gring ine. Wen i nume so a Mirageskandal dänke, wo die ja usglöst hei – u süsch no ne Raglete Mischt, wo si abgla hei...

Di Schteihüüffe passe doch nid i üser Alpehuble. Lue, da isch so ne Hütte, da uf em Proschpäkt. U das längt mer scho. Isch meh weder gnue...

Hunger han i also gliich. Aber – es tuet mer leid, chalti Bratwurscht frissen i nid. Dass du nid dra dänkt hesch, dass das uf alls ufe no chönnt düredrücke u dä tüür Rucksack vercheibe. Sehr wahrschiinlech definitiv.

Lue, dert chunnt öpper mit em ne Bärner Senn. Gib dä Frass doch däm. D Bärner Senne si wenigschtens nid schnäderfrääsig. Die frässen alls. Tutti quanti.

Dass d' nid no nes Tällerli mit Anken u Gonfitüren i Rucksack gschtellt hesch, verwungeret mi itz de scho bal. Aber chasch ja sicher nüt derfür. Hesch's o nid i dr Ornig chönne lehre, we d Muetter schtändig am Des-

umefüdle gsi isch u dr Alt nie gwüsst het wo – u d Hus-
haltig sälber het müesse bsorge. Mir göh wenigschtens
no zäme furt – uf e Balebärg un eso. Witer furt wett iig
ja gar nid. Hie hesch ja grad di ganzi Schwiz binenang,
u wi gseit, uf ds Wältsche chan i verzichte. Mit Hoch-
genuss. Die schnuren u schnuren u schnure ... U weisch
was? Bis zletscht hei si überhoupt nüt gseit. Nume bla-
bla-bla, o-la-la u wuala-wuala-wuala.

Aber – zueggä, das isch diräkt es Nasewasser im Ver-
gliich zu all denen Usländer, wo mir itz afe hei. Rede
mer nid drüber, süsch isch dr Namittag vergället. D Po-
litiker müesse da handle. Würd mi ja hingertsi u füretsi
nüt verwungere, we dene Pfluuschtine uf ds Mal no i
Sinn chäm, e Raglete Tamilen i dene Hüser hie iizquar-
tiere. Wen i mir das nume probiere vorzschtelle! I bi
gwüss ke Frömdehasser. Aber was z wit geit, geit z wit.
Gäge d Japaner han i uf jede Fall nüt. O nid gäge d
Amerikaner. Die chouffe hie wenigschtens no öppis u
hei sech öppe no am nen Ort schtill u chlopfe nid
schtändig blödi Schprüch.

Wi das fein nach früschem Brot schmöckt! Vo dert
äne schmöckt's so unerchannt verdächtig guet.
Chumm, mir holen eis – u de biisse mer grad dri. Der
Mensch lebt nicht vom Brot allein, heisst's bim Schil-
ler. Dass du dä Ämmitaler hesch chönne vergässe! Das
wär itz es Erläbnis gsi wi sälten eis. Früsches Brot u
subväntionierte Chäs, alls ersch no a dr früsche Luft u i
üsne schöne Bärge. Schade: Es hat nicht sollen sein. Bi
mer afe mängs gwöhnt ... un im übrige man i nid
schtändig reden u rede: Das söttisch doch no, dert
muesch doch dr Verschluss besser aaschrube, d

Wurscht i mehreri Papiir iliire, nid nume i eis, eigetlech ghörte d Rägeschütz zungerscht i Rucksack, de hätt me se, we's aafat schiffe – und so witer – und so fort. So isch das – u blibt äuwäg eso – bis in alle Ewigkeit...

Hoppedigritt! Itz wär i migottstüüri no bal i dä Fels-broche putscht vor luter Diskutiere. Der Schtein des Anschtosses, so seit me doch. Nu – geng no besser d Scheichen als dr Gring, süsch wär de äuwäg e Chehr lang fertig mit Rede.

Di Angehörige hei's ja geng schwär!

Wärti Anwäsendi,
verehrti Truurgmein,
liebi Truurfamilie!

Dr Presidänt het mii gfragt, ob iig aalässlech em Ablä-
be vo üsem hochverehrte Aubärt Buri no öppis chönnti
vortrage dahie i dr Chilche. I chönni das hundertpro-
zäntig sicher, vil besser weder är. I weiss es nid, aber i
ha nim uf all Fäll zuegseit – wi dr ja gseht – u wüll dr
Aubärt un iig o geng gueti Kumpane gsi si. Da git's ab-
solut nüt z hueschte.

Grad zum Aafang: D Frag, warum dass üsen Aubärt
exakt zwee Mönet nach dr Pangsionierig het müesse
gah, ligt äuwäg so zimli allne da innen ufem Mage. Das
isch tatsächlech es Rätsel, wo vilicht numen üse Herr
Pfarrer cha löse.

Für mii blibt lediglich es Chopfschüttle. Scho
letschts Jahr, wo üse Kassier i de beschte Jahr eifach i
de Bärge tödlech abgschtürzt isch, da het sech ds ganze
Dorf gfragt: «Warum? Warum? Warum? U het de no
vier schuelpflichtigi Ching gha... Wi chunnt das no
use?»

I ha einisch gläse, dass für jede Mönsch di letschti
Schtung zum voruus feschtgleit isch.

Dass es jedes einisch muess ga, das wüsse mr. I däm
Zitigspricht het's aber de gheisse, dass da ds Alter nid
derewäg e Rolle schpili. Di einte müessi halt öppis früe-

cher abträtte, wüll dr Herrgott se wöll i ne höcheri Gattig umwandle, we eine rächt gläbt heig. Also e jüngere Chnächt würd de da zum Bischpiil zum ne hablige Grosspuur oder zum ne Regierigsschtatthalter oder zu süsch so öppis Ähnlechem.

I ha dänkt, i sägi das hie. Es isch iilüüchtend u schpändet Troscht i dr Nacht. Vil Troscht wünschen iig öich, liebi Truurfamilie. Dir chöit's ja itz meh weder guet bruuche. We me dra dänkt, dass jede je länger descht meh nume no für sich sälber luegt u lediglich i eiget Sack wärchet, de isch das sicher eso. Guet, mir hei o nid grad di rosigschte Zite – u was no chunnt, das macht eim Angscht. Dänke mr numen a d Umwältzerschtörig im Oschte. Itz, wo me gmeint het, dr Oschte gäbi Rue, es göng itz o dert einigermasse normal zue u här, hei mr no dr grösser Schlamassel weder früecher.

Ig erwähne das, wüll sech üse lieb Verschtorbnig ganz intänsiv für Politik inträssiert het. Mir hei albe fei echli Diskussione gha da drüber am Schtammtisch..., un iig ghöre ne grad säge, dr Aubärt, zu däm allem: «Hüetet öich am Morgarten», würd er säge zu deren Entwicklig im Oschte.

Oder wo ner o geng druf hiigwise het, das isch dr berüemt Schpruch vom verschtorbenen alt Bundesrat Minger gsi: «Im House muss beginnen, was blühen soll im Vatterland.» Das isch ihm sehr am Härz gläge, vor allem denn, wo ner für vier Jahr Schuelkommissionspresidänt gsi isch.

Ds Wohl vo de eigete, aber o vo de frömde Ching isch ihm enorm wichtig gsi. Das darf me lutt u dütlech säge.

Aber i wett em nächschte Redner, üsem Schuel-kommissionspresidänt, nid vorgriiffe. Är weiss über das Züüg besser Bscheid weder iig. Uf jede Fall isch e gueti u schträngi Erziehig i dr hütige Zit widerume vo gröschter Bedütig. Di Junge müesse de einisch mit weniger uscho als mir, we's geng meh alti Lüt git u geng wi weniger jungi Lüt, wo zu den Alte luege. Henu, die Zite wärde di wenigschte, wo hie inne si, no müessen erläbe.

Jä nu – i wett dahie unger gar kenen Umschtänd z läng wärde.

Im übrige cha me fasch gar nid i Wort fasse, was dr Aubärt alls gleischtet het. Es isch vil, unerhört vil – u mängisch het's äuwäg siner Chreft o chli überschtige. Är het ja o nid zu de Chäche zellt, wi me se hie ume hüüffig trifft. Är isch fasch unzähligi Mal im Schpital oder i dr Kur gsi, wi mr vori em Läbeslouf, wo dr Herr Pfarrer verläse het, hei chönnen entnäh. Es chunnt nid jede Mönsch gliich schtarch uf d Wält. Das isch e Tatsach – u da schteit sicher o ne höcheri Macht derhinger.

Für zu dr Sach zrügg z cho: Mir hei z danke.

Mir danken em Aubärt für sini langjährigi Tätigkeit u si gross Iisatz bi üs Fäldschütze. Är het geng si Maa gschtellt – u dass er Bürolischt u schpäter no Sektionschef gsi isch, isch em Verein geng wider z guet cho. Sis grosse Wüssen o i technischen Angelägeheiten isch is usserordentlech kumod cho, wo mr dr nöi Schibeschtang mit dr outomatische Träfferaazeig planet u realisiert hei. Vil ghulfe hei nis o siner guete Beziehige zu militärische Pärsönlechkeite.

Als schtramme Jungschütz het dr Verblichnig im Achtevierzgi i sim Geburtsdorf im Ämmital aagfange.

Är het scho denn Erfolge chönne verzeichne. Un eso isch's nächär ds Leiterli uuf.

Är isch Vizepresidänt, nächär Presidänt vo üsem Verein worde, isch füf Jahr im Kantonalvorschtand gsässe, het's schliesslech bis zum Kantonale Veteran bracht. U wi gseit – nid z vergässe: Är het über vierhundert Abzeiche deheime. Wi mängisch dass er ds Abzeiche gmacht het am Fäldschiesse, das hei mr gar nid emal meh chönne rekonschtruiere. O im Gruppewettkampf isch är e grosse Meischter gsi. Wi dr nech sicher no bsinnet, het er ja mit sire Gruppe sogar einisch a de Schwizer Meischterschafte putzt.

Da cha me nüt angers sägen als «Huet ab!».

Aubärt, mir wärde dii u diner Leischtige nie vergässe! Du bisch üs allnen e Symbolfigur gsi. Was ds Schiessen anbetrifft, hesch du üsem Verein Namen un Ehr gmacht. Das isch öppe gar nid sälbverschtändlech. Drum danke mir dir no einisch vo z innerischt use für alls zäme. I wett nech alli mitenang bitte, hie doch ufzschtah zu Ehre vo üsem lieben Aubärt Buri.

Merci vilmal.

Bevor dass i üsem gschetzte Schuelkommissionspresidänt ds Wort darf witergäh, wette mr doch d Familie vo üsem liebe Verschtorbene nid vergässe. Di Angehörige hei's ja geng schwär, we's plötzlech e Lücke git i dr Familie u wenn öpper nümm a Tisch chunnt, we me rüeft.

Liebi Familie,

i wett zum Abschluss dä Värs us dr Bibel ufnäh, wo üse Herr Pfarrer ganz am Aafang vo dere Fiir gseit het – nämlech das Wort vom Hirt u vom fiischtere Tal.

Im ne fiischtere Tal si mr ja alli öppen i däm Läbe – denn, we's hingertsi geit anschtatt vorwärts. We me nümme heiter gseht, de isch so ne Schtäcke guet, wo im Bibeltäxt ja o vorcho isch.

Mir wünschen öich so ne Schtäcke vo ganzem Härze, liebi Angehörigi. Häbet nech drannen u lueget geng vorwärts u nid rückwärts. U da hei mr ja no dä Hirt, wo zu sim Veh luegt, dass ihm nüt manglet. Dir ghöret da o derzue – u dä da oben isch schliesslech dr Leiter vo allem, vo allne Lüt.

Aubärt, mir wärde dii sehr vermisse, aber mir wärde dir o nes ehrends Andänke bewahre. Du hesch das meh weder nume verdienet!

U zum Schluss rüefe mr alli vo ganzem Härze:

«Aubärt, ruhe sanft!»

Dr fromm Esel

Gwüss, da muess eine mänge Kilometer dür ds Land
zieh, bis er es settigs Gnuusch, wett ender säge so ne
Souornig fingt, wi se Pöili um sis Hüsli ume z ligen u
z schtah het. Wi muess das ersch innevür usgseh? Är
het's eifach sir Läbtig nie zu re Frou bracht, wi ner's o
geng aagattiget het. Hingäge zu tuusig un aber tuusig
Dinggelääri u Grämplerruschtig het er's bracht. Äs hätt
ihm eifach wehta, we ner nume ds Chliinschte hätt
müesse furtgheie: Wär weiss, me cha's uf ds Mal no
bruuche?

So hei sech dür all di Jahr düre, wo Pöili – me cha
fräveli säge muetterseelenelei – uf em Hübeli i sim ver-
lotterete Tätschhüttli ghuset het, di kurligschte Sachen
aagsammlet. Öppen e Säimaschinen us de zwänzger
Jahr, es Laschtwägeli us dr Nachchriegszit, wo unger
em Holderschtock schtill u widerschtandslos vor sech
häre roschtet. Aagfuleti Lade, halbi Ziegle u süsch al-
lergattig Ruschtig isch hooggis booggis desumegläge.
Gseh tuet me sicher numen e Bruchteil vo all dene
Schetz, wüll si vo hööchem Nesslegschtüüd u süsch al-
lergattig Gschtrüpp u Gjätt schier huushöch überwach-
se si.

E vertschäggerete Mischtschtock isch faschgar
d Visitecharte, wüll me dä grad zersch erlickt, we men
ume Rank zum Huus zueche chunnt. Dr Mischthuuffen
isch quasi ds Ushängeschild vom ne Purehof – wi me so
schön seit. Dänke mr nume a di wunderbar züpflete

Hüüffen im Ämmital, wo eim vo witem scho grüesse: «He, da bi ni de. Hie isch men öpper!»

Dass Pöili grad armegnössig wär, wi vil Lüt meine – nei, das isch lätz grate. Vor Jahre het er drum es paar Hunderttuusig vo re Tante gerbt. Dermit het er es prächtigs Heimet gchouft im Jura u's i Läche gä.

Wiso dass är sälber so armüetelig läbt u derhärchunnt, das weiss dr Gugger. Nei, nidemal dä. Dä Chnorzi gönnt sech sälber nüt weder öppen einisch es Pfiiffli mit Sämi-Tubak oder es paar Glesli Brönnts. Emel we ne ds Eleinisii aafat tribelieren u drangsaliere, nimmt Pöili dr Gutter vüre u schwänkt dä Chummer mit paarne Gleser wider nidsi. Bis zum nächschte Mal, natürlech. Es dünkt ne, grad i dr Letschti heig's ihm i dere Sach ganz ghörig böset – u eis isch allwäg o am angere tschuld. D Bei u dr Rügge tüe ne je länger descht meh plagen u nen ume Schlaf bringe. Mängisch schticht's, wi we ne dr Liibhaftig mit dr glüeijge Zange würdi zwicken u foltere.

«We di Wält nume z Hudel u z Fätze würd ga – un iig dermit», sinnet Pöili, «es het doch alls zäme gar ke Wärt meh… He ja, we me nidemal meh mit em Graueli cha brichte, däm schtörrische, bockbeinige Wäse… Weiss dr Schinter, was uf einisch i dä Esel gfahren isch. Är isch ganz angers als früecher, schier wi verhäxet isch er…»

Tuuch u gchnüttlet trappet Pöili i d Chuchi – heisst das, är muess guet ufpasse, wo exakt dass er abtrappet. Dr Bode het ghörigi Chleck, zum Teil so breit, dass men i Chäller abe cha gseh.

Siner Ouge sueche d Schtubetüür u drufabe ds Länggwehr, wo obem Bänkli hanget. «Im Grund gno wär's ja e churze Chutt», dänkt er. «Niemer würd mi sicher vermisse, nidemal meh mi Esel. Niemer würd a d Beärdigung cho. Vilicht nidemal die, wo meine, si chönne de erbe...» Dr Blick löst sech langsam vom Gwehr u wird ufene Wäg plötzlech o schtörrisch u trötzelig: «Da heit dr nech grad ganz wüescht trumpiert, dir truurigen Erbschliicher... Heit nid dermit grächnet, dass mi ds Gäld ke Brosme röit, für zum Notar z ga u nes rächts Teschtamänt la z mache – aber nid für di wituse Verwandte, sondern für ds Tierheim.» Die Gedanken u d Vorschtellig, wi's de einisch wird zue- u härga im Rössli nach dr Grebt, heitere Sinn u Gmüet vo Pöili gwüss ganz guet wider uuf. Ja, är muess schiergar lache, wo ner sech vorschtellt, was die de bi dr Eröffnig für Grimassene schnide, we si sozsäges läär müessen usga u drufabe daschtöh mit abgsagete Hosebei, wi si hänglen u flueche vilicht un i dr Luft desumefuchtle, wi we si gliich no öppis chönnte verwütsche.

Ja, Pöilis Läbesgeischter erwache wider z grächtem. Är ghört sogar si Mage ruren u rumple.

Suppen u Brot git's, öppe wi geng. Vilicht isch d Suppe wider einisch suur; de muess er halt e Hafe voll früschi rüschten u plodere. Ja, si het gwöhnliaa so für ne Wuche glängt. Pöili het sen eifach im Hafen ufem Herd gha u jede Tag umen ufgwermt. Das heisst, dr Hafe cha me mit em beschte Wille nümmen erchenne. Är isch komplett verchruschtet mit färndriger u hüüriger Suppe. «Für mii tuet's das sauft», het Pöili einisch ere Nichte gseit, wo's zuefälligerwiis zu ihm verschlage het. «Das isch emel de nid giftig, so wi di Ruschtig wo dir i dr Schtadt frässet», het er denn zimli rääss zur Antwort gä.

No öppis angers het er gseit, wo mr hie nid wei erwähne. Uf all Fäll isch di Nichte nächär nümm erschine, obschon si ihre Tschäber i dr Ufregig inne vergässe het. Si isch ne o nie cho hole – un er dienet em Pöili itz als Haberfuettergschiir für ds Graueli. Sini Tagesration het grad juschtamänt im Huet Platz.

Ja, d Einsamkeit het i dr Letschti geng wi meh nach ihm griffe, isch i nen inegschloffe, vilmals so heimlifeiss, dass er gar nüt gmerkt het dervo. Ersch wo's in ihm inne het aafa sünggen u plääre, da isch er sech desse gwahr worde. We dr Liib so schwär worden isch wi Blei u dr Plouel wider dr alt Plampi übercho het – da isch er uf ds alte Bänkli plötscht u het gsüüfzget, vo z innerscht use, dass er o dasmal ds Gfüel übercho het, er ghör's i de Bletter vom Nussboum vor ihm zueche ruusche. Eigetlech sött dä längschtens kes Loub meh ha – ab all däm Piischten u Päärschte, wo ner sir Läbtig dert ufe gschickt het. U jedesmal, we Pöili uf das Bänkli hocket, chömen o Erinnerige a früecheri Zite in ihm ufe. Wi Muetter u Vatter alben am Sunntig hie ghöcklet si, ihn, dr Chliin uf dr Schoss u glachet u zigglet hei mit ihm. Wi ner schpeter sälber mit sim Käthi schtungelang hie verwilet isch, wi si Plän gschmidet hei für ihri gmeinsami Zuekunft. Wi schön isch das doch gsi! Dr Himel uf dr Ärde. Aber uf ei Schlag isch alls zäme fertig u Schluss gsi – wi vom ne Hagelwätter i Boden abe gschtampfet. Dennzumale, won ihm sini Brut eröffnet het, si fingi eifach dr Rank nümm mit ihm, si gschpür je lenger, descht weniger Gfüel für ihn. Si heig dr Iidruck, es chömi nid guet use mit ihne u de wär ja o ihm nid dienet.

Was Pöili zu däm Zitpunkt no nid gwüsst het, isch d Tatsach gsi, dass es em Käthi bim nen angere dr Ermel inegno gha het. Zum Glück isch's nid lang gange – u di beide – dr Husmatt-Peter u ds Käthi – si nach Kanada usgwanderet. Ghört het er nie meh öppis vo Käthi u Peter.

Dr Mond schteit i sire Ründi scho am Himel, di letschte Vögel singe no schüüch, es dünkt eim schiergar chli verdatteret, öppis vo Früelig, bevor si z Sädel göh. Hingäge Pöili ma si no nid lüpfen un ungere. Z vil Gedanke göh nim düre Chopf u wei ne wider einisch z Bode drücke. Chalt isch's, cheibe chalt, paar Tag vor dr Oschtere. «Aber was wott me», dänkt Pöili, da cha me nüt mache – i ma mi desse ja o nid erwehre u weiss nie, wenn dass es i mir inne chuelet u fröschtelet u z volem chalt wird ...»

Är reckt nachem Gutter ungerem Bänkli u schtützt nen aa.

«Vilicht warmet's mr es birebitzeli, we's o nume für nen Ougeblick isch», piischtet Pöili u luegt i Himel ufe, schtieret i Mond ine, bis dä es schwarzes Loch het.

Irgendwie geit ihm däm si Rueh uf ds Gäder. Är het ne nämlech scho meh aagmöögget u nim gseit, was är für ne blöde Löl sig – u was für ne längwilige Pfluuschti, geng dr gliich Gring heig er, zwar einisch chli feisser, ds angermal bring wi ne Schwindsüchtige – u geng dr gliich Wäg würd er ga. Aber im Grund gno sött er ja nid verruckt si uf ihn. Ihm göng's ja grad um ke Brosme besser. Ja, es git Zite, wo dr Pöili no witer ufe brüelet het als bis zum Mond – hingere Mond, hinger d Schtärne i ds Wältall use zum Herrgott. No nie isch

91

aber öppis zrüggcho, höchschtens sini eigeti Schtimm, siner eigete Wort, we si am Felse hinger aagschlage si. Dr Himel isch aber hohl bliben u läär u wortlos.

Was er im Momänt ghört, isch ds Ruusche vom Bechli wit unger u ds Rangge vom Esel im Schtall näbedranne. Wiso cha nim nid dä chli Gsellschaft leischte i dere truurige Nacht? «Für öppis isch dä doch o da, o we ner nid cha rede, emel nid eso, wi d Mönsche.»

Pöili git sech e Mupf, schtützt dr Gutter zum weissnid-wi-vilte Mal aa u trappet, muess säge scho chli gnietig, zum Schtall übere.

«So, chumm, du alts, graus Kamel, chasch mr chli cho Gsellschaft leischte», branzet Pöili si Kumpan aa u schriisst am Schtrick. Aber dr Esel wird schtärnsverruckt – u so öppis isch er sech de scho o nid gwöhnt. Erschtens, dass men ihn als Kamel betitlet, zwöitens, dass me ne derewäg aapäägget, u drittens u letschtens, dass me ne so mir-nüt-u-dir-nüt vom gmüetleche Znacht ewägg wott zum Schtall useschriisse. Nei, das geit über ds Bohnelied, o we ner numen en Esel isch. Ds Graueli wird schtörrisch u himellingg dass nüt eso, u zwar äxtra un als Zuegab, wüll er scho lang ds Gfüel het, si Meischter tüeg ihn vilszit wi dr letscht Dräck behandle. U drum ghört ihm itz o ne ghörigi Lektion, dass er wider zur Bsinnig chunnt.

Aber nüt isch vo Bsinnig – ganz im Gägeteil. Pöili, wo momäntan nid grad über ne base Schtand cha rüehme, überchunnt vo Graueli eis versetzt, u zwar ganz guet zilet u hingerlischtig i si Allerwärtischt. Pöili chunnt nid emal meh zum Tüüflen u Wättere, so gleitig geit's. Es übertötzlet ne zwöi- oder drümal – u hopp-hopp geit's bärgab, zersch dür d Nesslere, dernaa ds schtotzige Port ab, geng wi tifiger rumpumplet er z dürab.

Im Gägesatz zum Pöili het du Schtutz-Liebu sis Schürli meh Schtand u ma di Fracht gschtelle. Es geit lang, bis dr Pöili wider bi Sinn isch. Är faat gottsjämmerlech aa brüele, dasmal nid nume zum Mond un i ds Wältall use – nei, är brüelet vor Schmärzen u vor Eländ ds Schürlitor aa. Naadisnaa wird de druus es Weielen u Jammeren u Süüfzge – gwüss zum Verbarme.

U dr Grauel? Dä Fötzel schteit grossartig ufem Hübeli obe – u de gumpet er wider im Weidli desume vor Fröid – oder fiiret sogar si erscht richtig Triumph. Süsch würd er nämlech nid schtändig di hingere Scheichen obsi schlaa un eis über ds angere Mal zum Schürli abe rööre: «Iaa, i-aa. Ja, ja – dasmal bin iig halt einisch dr Schtercher gsi.»

D Töibi erwörgget Pöili fasch, wo ner das muess luegen u lose.

Glii druuf vergeit ihm Luegen u Lose aber grad wider. Es isch ihm schlächt u gschmuecht – nid bloss wägem Grauel, aber scho zur Houptsach.

Wo's langsam aafat tage, da wird Pöili chli usanft gweckt. Öpper porzt a nim ume, probiert sis Zifferblatt a d Heiteri z chehre. Schtutz-Liebu isch's, wo zum Fuettere vom Purehuus ufecho isch. «Blib schön so lige – i reiche Hilf» – u drmit techlet dr Puur scho zum Huus abe.

Hübeli-Pöili sig schiint's im Schpital, schwär verunglückt sig er. Wi nes Louffüür geit di Nachricht vo Muul zu Muul, vo Huus zu Huus. Kurlig, niemer het öppis gwüsst vo Pöili oder vo ihm öppis wölle wüsse –

aber das het dr Chehr gmacht, ganz exakt, wi alls ange-
ren o, wo d Lüt wungernimmt u halt chli Läben u Ab-
wächslig i ds Dorf bringt.

Ja-ja, Schtutz-Liebus Schwöschter, ds Lisebeth, sig
scho im Schpital gsi. Dä chönn me doch nid eleini laa, itz,
wo ner ihm so eländ drinne sig, het's gheisse. Dä wüssi
sech doch dert hingertsi u füretsi nid z hälfe. Di Chranke-
schwöschteren u Dökter heige zum Bischpiil schön
drigluegt, wo si Pöili uspackt heige, für ne z verbinge un
ihm es Nachthemmli aazlege. Zmingscht füf oder sächs
Schtung lang heige die dert gwärchet u griblet, aber weni
u nüt vo däm Dräck ewäggbracht, wo nim am Liib
gchläbt heig. Mit Schtächbüttlen u Fiele heige si a ds
Wärch müesse... Battet heig's numen a paarne Fläckeli.
Hosefötzle sige mit dr Hutt verwachse gsi. Di heig me mit
knapper Not chönnen usenoperiere. Hingäge d Socke
heig me nim i Gotts liebem Name müesse laa, wüll me
nümm heig chönnen ungerscheide, was itz Hutt u Fleisch,
was Wulen oder Fuessnagel sig. U grad beid Füess am-
putiere vo wäge däm – da wett men itz no grad es Schüt-
teli zuewarten u ne Schpezialischt vo Züri härepfiiffe.

Derewäg also isch das Greed gange, dorfuuf u dorfab
u zmingscht no zähmal dr anger Wäg.

Är chönn würklech Gott danke, het dr Dokter em
Pöili im Schpital gseit, är chönni Gott danke, dass är
überhoupt mitem Läbe drvocho sig u nid öppe no ds
Gnick broche heig...

Ja – un itz sitzt dr Pöili i dr Chilche – ganz linggs hin-
ger, i dr letschte Reihe – u wott Gott danke, wi's dr
Dokter empfole het.

94

Zueggä, är het das Gotteshuus sit Jahr u Tag nume vo obe gseh heisst das, dr Turm u dr Schpitz mitem Güggel obedruffe. D Glogge het er bloss z ghören übercho, we d Bise d Tön zue nim ufe treit het – u das isch sälte vorcho, isch ihm o nid derewäg wichtig gsi.

Item.

Em Pfarrer si Oschterpredig isch uf all Fäll bi nim aacho. Si isch nid so hööch u so umschtändlech gsi, wi's di meischte Lüt vo dr Gmein hei wölle ha. «We ner numen es Giimeli dütlecher würdi reden u weniger tältschle, de chönnt me ja öppeneinisch gah», het's zäntume gheisse. «Aber eso, aber eso ... Da lost me gschider d Radiopredig. Da cha me sälber ufdräije, dass es de so lut u so dütlech chunnt, wi me's wott ha.

Henuja. Dr Pöili isch ganz guet nachecho – vor allem dert, wo dr Pfarrer drüber prediget het, dass das o en Art Uferschtehig sig, we ne Mönsch, wo chrank u verletzt u bettlägerig gsi sig, wider chönn ufschtah u loufe. We ner wider sich sälber dörf si ... Gwüss ganz wohl het sech Pöili gfüelt i dere Chilche. So wohl, dass er o no zum Abetmahl bliben isch. Un es het ne niemer komisch aagluegt, wi ner zersch het vermuetet gha.

Ds Abetmahl sigi ds Fescht vo dr Sündevergäbig, vo dr Versöhnig, es machi frei vo Laschte, vo Übel u Bosheit u verbindi d Mönsche mit Gott u sire Liebi – u d Mönschen ungerenang, seit dr Pfarrer iidringlech u ladet d Predighörer ii, e Momänt über all das nachezdänke. Vilicht chömi o ihnen öpper i Sinn, wo si nim chönnte vergä, nöi wider mit ihm aafa u nen i aller Gnad u Liebi umen ufnä.

«Dr Grauel», geit's Pöili düre Chopf, «numen isch das ja gar ke Mönsch... Aber mir hei's ja geng so guet gha zäme, bis zu däm böse Zwüschefall», chnorzet Pöili a sine Gedankegäng ume. «Es git doch wohl ke Ungerschiid i däm – u derzue bi ni doch o öppis tschuld a däm ganze Malheur... Grauel, es tuet mer leid u dir sicher o... Mir wei doch enang vergäh u nöi aafa.»

Das het Pöili nümme nume dänkt, sondern gchüschelet. D Lüt hei sech gchehrt, hei nim zuegnickt u fründlech glächlet.

«Wär lüttet de da so schturm – a dr Oschtere, zmittag am zwölfi?» seit d Frou Pfarrer schier chli ulidig. «Es wird wohlöppe kes Unglück passiert si?»

Si kennt dr Bittschteller nid, wo schüüch u doch so ufrächt dusse schteit. Si heisst dr Gascht i d Schtuben u rüeft ihrem Maa. Langsam, aber beschtimmt brosmet Pöili sis Aalige vüre.

«Ehm-ja, äbe – ds Abetmahl het mr so schüzlig wohl ta vori i dr Chilche... Es het mr en inneri Rueh gschänkt, wo ni gar nie kennt ha... Un itz, itz isch mr äbe düre Sinn, ob dir zu mir ufe chönntit cho, für süsch no öpperem ds Nachtmahl z gä, wo mr schuderhaft fescht a ds Härz gwachsen isch...»

«Sicher isch das müglech», git dr Pfarrherr zur Antwort, schlückt hingäge nächär meh weder drümal läär, wo ner vernimmt, das sech bim Empfänger um e Grauel söll handle. Da sig halt scho nen Ungerschiid, e ganz e gwaltige sogar. Pöili laat sech aber nid so ring la abhärde. Öppis schteit in ihm uuf, bolzgredi uuf. Öppis, wo ner scho lang vergässe gha het: si Muet u si Wille. Un är het grad ume ds Gfüel, das, ja das sig o Oschtere – eso wi's dr Pfarrer prediget het. U dä, genau dä, darf ne doch nid abwiise, gwüss wäger nei, das cha ner nid.

Schliesslech fragt Pöili, ob er äch Wii u Brot nid dörft mitnä, vo däm Wii u vo däm Brot natürlech, wo vori i dr Chilche vürigbliben isch. Ob är ds Abetmahl am Änd nid sälber sim Grauel dörfti inegä. Dr Pfarrer het iigschlage, het ihm di Ruschtig, mit guete Wünsch für e Heiwäg, i nes Chörbli packt.

Wo Pöili düre Wald ufe chiichet, ds rächte Scheichli geng chli hingerdrii, wüll's vom Unfall no ghörig lädiert isch, wird er uwirsch, ja fasch e chli bösartig, schtüpft e Donnergueg a ds Wägport übere – är, wo süsch niemerem cha nes Häärli chrümme. Är erchlüpft über sich sälber u zieht zümftig a sim rächten Ohr – es Mödeli, wo zue nim ghört, scho sit Jahre – u wo nach ihm reckt, we ner verlägen isch, we ner nümme witer weiss im Tägscht oder touben isch über sich sälber oder über angeri.

«Ja-ja, was het dr Pfarrer gseit?» brummlet er vor sech häre, «. . . Friden im Härz, das muesch ha, we's söll guet wärde . . . Irgend eso öppis het er gseit.»

Pöili muess verschnuufe nachem Rank, blibt schtah u luegt sim Hüsli itz diräkt i d Ouge. D Fänschterschibe glitzere, grad wi we si nim no einisch ds Liecht vo Oschtere wette schpienzlen u zeige.

«Pfaff» macht's chli schpeter – u ds Zäpfli vo Pfarrers Wiifläschli flügt a d Schtallsdili ufe. «Grauel, mir näme ds Abetmahl. Mir wei Fride mache. Mit angerne Wort, du nimmsch d Brotschtängeli un iig nime ds Dünne, dass es dr nid öppen i Gring schtigt u d' mi wider laasch la ungfelig wärde. Uf dä Wäg isch's grächt ufteilt.

Grauel het mit Gnuss gchöiet u wohl gläbt dranne, dass er einisch wiisses Brot het unger d Zäng übercho.

Pöili isch mit em lääre Gütterli i dr Hang ufem Schtallbänkli ghöcklet u het schiergar nid chönne höre, em Grauel dr Äcke z chräbele. Dä het so Fröid übercho drannen u het's schiinbar so unerhört gnosse, dass er o het wöllen es Zeiche tue... Vor luter Übermüetigi versetzt dr Esel em Pöili es Müpfli i d Site, dass ds Bänkli kippet u dr Meischter, wo si Schtand wider verlore het – zwar dasmal numen es Bitzeli –, dass dä em Schorgrabe zue tanzet un uf ere Schtrouballe ländtet.

«Bisch würklech e blöden Esel – un iig übrigens o. Si mer is doch einig, nid wahr?»

Pöili lachet, dass d Schwarte chrache – u lachet u lachet. Vo Härze chunnt's, dasmal aber ganz sicher.

Itz gilt's ärnscht!

Annemarie, bringsch bitte mir un em Röbu no einisch
es Halbeli Gamay!? Aber nid vo däm usländische
Chuttlerugger – e währschafte, usem Wältsche! U zwöi
Iigchlemmti, we d' wosch so fründlech si!
He?
Nei, mit Hamme, nid mit Salami. Mit saftiger Ham-
men usem Ämmital... Itz isch eifach fertigschluss mit
däm usländische Plunder – inklusive all di Asylante,
wo nume desumehocke, besser gseit uf üsem Porte-
monnaie hocken oder uf dr fule Hutt lige. U we si ei-
nisch usegöh, de hocke si üsne Frouen uuf u tüe se
beläschtige, di tonners Glüschteler u brutale Cheibe.
Was hesch gseit, Annemarie?
Ah – ne-nei, bombesicher nid mit Salami. Itz gilt's
ärnscht!
Bring mr öppis angers. Minetwägen e Bitz Greyer-
zer u nes paar Schnäfle Brot!
Wi gseit, i ha ja prinzipiell nüt gäge d Usländer.
Aber gäge die ha ni öppis, wo eifach dahäre chöme,
wüll's bi üs schiinbar nach Gäld schmöckt u nach
Fulänze. Di Wirtschaftsflüchtlinge – oder wi me ne seit.
Das isch doch moorekomisch, nid wahr? Öppe zwänzg-
tuusig Kilometer vo üs ewägg schtige die, wo nes Biliee
vermöge, eifach i nes Fluugzüüg – u tägg landen
usgrächnet uf däm winzige Fläckeli Bode, wo d Schwiz
isch? Es isch sicher o nid alls, wi's chönnt si bi
üs – so sit däm Rey u Konsorte. Aber mit dere soge-

nannten Asylpolitik – da hei si itz also scho total der-näbegriffe.

Was suechsch?

Wart – i ha dr Füür.

Voilà.

Apropo Füür...

Hesch ghört, dass wider so nen Asylantehütte brönnt het? Dasmal i dr Innerschwiz. U – beschränkt si si übrigens, dass Gott erbarm, di häreghulanerete Pinggisse. Da schtellt sech scho d Frag, für was dass me die überhoupt cha bruuche... Mir, wo kener Bodeschetz hei un i jedere Beziehig vo üsere Präzisionsarbeit läbe, heisst das von der Hände Arbeit... Weisch, was si am Fernseh gseit hei?

Nid?

Schad, dass d's nid gseh hesch. Das isch nämlech dr Hammer. Im erschte Schtock heige di Häregschlinggete d Wonig gha – u wo's heig aafa schmürzelen u brönne, sige die i Eschterig ufe gsecklet anschtatt ds Loch ab...

E normale Mönsch flüchtet sech doch nach unger. Bi üs lehre das Ching sicher scho i dr erschte Klass. Aber die hci äuä gmeint, uf dä Wäg chönne si de diräkt zu ihrem Allah oder wi dene ihre Höiptlig exakt heisst...

Was passiert isch?

Verbrönnt si si – alli drü mitenang. Vercholet sige si... Nüt meh weder Schutt un Äsche... Weisch übrigens, Röbu, was übrig blibt, we men eine kremiert, wo zuckerchrank isch?

Nid?

Es Caramel!

Hä-hä-hä!

Aber was i ha wölle säge: das chunnt dervo, wüll di Halbwilde mit üsne Chochherde u mitem Elektrische nid z Schlag chöme. Das hei doch die i ihrne Lätt- u Brätterhüttene nid. U we me ne di Musig no wett erkläre, de lose si sicher nid oder hei ganz eifach e nassi Zündschnuer.

Itz chöi wider d Versicherige dragloube. D Prämie zalt ja schliesslech jede – o du un ig. Nid z rede vo den Ungersuechigen ezetera.

Klar – we's aazüntet worde wär – das wär e fertige Mischt. Di Asylanteheim ghöre schliesslech zum grössere Teil em Bürger…

Mir hei süsch gnue Schäde. U mir hei momäntan i dr Schwiz ja sälber e halbi Million Lüt, wo mitem absolute Minimum müessen uscho: AHV-Bezüger, Arbeitslosi ezetera. Di müesse sech halt wider mit Röschti u Brot u Gaggo zfridegä. Üser Asylante hingäge, wo im Momänt i dr Baraggen usse huse, die heig me scho meh weder einisch z Bärn im Comestible-Gschäft aatroffe. Kaviar u Crevetten u Tintefisch… luter so Mischt heige si dert iigchouft. Zum Chotze, emel für mii – aber tüür, dass es eim d Haar hingereschtrählt.

Röbu, säg – wär zalt dä Minggis schliesslech un ändleche, he?

Exakt! O mir Schtüürzaler, mir guetmüetige Cheibe! U das nöierdings ja o no via Chilcheschtüüre… Da chasch dr also scho mit Berächtigung a Gring recke!

Hocke die, wo hundertprozäntig sicher abgwise worde si, i üsne Chilchene oder i de Chilchgmeinhüser. U üser Pfärrer mache no äxtra Predige u süsch Gfotz für di Profitöre. Grad, wi we d Pfärrer nüt angers z tüe hätte weder di sogenannten Asylante z goumen u la z fuettere. U de chöme si sech no gross vor, di Pinguine, plagieren i de Zitige un am Fernseh, di grossartige Here! Nid nume Here, o Froue – Pfärrere, oder wi me seit. So eini heig doch einisch eine vo de Polizischten i Arm bbisse, wo si verschteckti Asylante heige wölle ga abholen im ne Dorf. We's no ne Pfarrer gsi wär – das gieng ja no grad eso – aber e Pfarrere! Da merksch wider einisch, wi rasant dass es mit üsere Gsellschaft u dr Politik bärgab geit – u niemer wott öppis merke. Üse nöi Seelehirt isch jedefalls no nie bi dr Muetter im Altersheim gsi.

Dä het doch das längschtens vernoo – aber me geit eifach nid, fertigschnätz. Zersch chöme doch üser Lüt, gopferdecku. U nächär de mira die häregschlinggeten Usländer, besser gseit di Bluetsuger.

Nimmsch no ne Schluck oder zwee?

Ou, ja – isch läär. Läär dass nüt eso.

Wie?

Ja – i muess o angänds heizue.

Annemarie! Bring is, bis so guet, no nes Halbeli vom glichlige, we d' wosch so fründlech si!

Übrigens – üser Tamile da, weisch die vom Hubel, di probiere's äuä o scho chli uus – so lieb Ching z schpile – weisch...

Warum?

Wüll si fasch jede Tag i üsi Chilche göh go Cherzli aazünte. Das het mr dr Chilchgmeinspresidänt eismal im Rössli beschtätiget.

Wi gseit, es isch eifach sougfährlech, das Bubele, emel bi dene Ungerentwicklete, wo nidemal chöi schribe.

102

Üsi Chilche, wo sozsäges ganz us Holz isch – das gäb ja ne Kataschtrophe, wi si im Buech schteit. U ds Pfarrhuus, wo schiergar drahäre bbout isch, das würd garantiert sicher o i Flammen ufgah. Äbefalls dr Chilchgmeinssaal, wo d Chilchgmein ersch grad früsch het la renoviere, für zwöihunderttuusig Fränkli, notabene... We da eine nid langsam schtärnsverruckt wird oder schwärmüetig bim Gedanke, dass das ganze Züüg o no chönnt verbrönne, we im Fall dert o so Gräbel sött inecho u bubele... Isch absolut müglech... Aber chumm, i verzelle dr doch gschider öppis Luschtigs zum Schluss. Öppis, wo ufchlepft. E Witz usem Ämmital isch's. Vilicht kennsch ne ja scho. U de isch's o wurscht. Also: Da het früecher einisch im Ämmital es Pfarrhuus brönnt. O das git's. Es brönne nid numen Asylanteheim.

Item.

Dr Pfarrer sig ganz verdatteret vorusse gschtange, u wo ner gseh heig, dass es z Änd göng mitem Huus u nüt meh z rette sig, heig dä aafa hüüle wi ne Schlosshung. E Puur sig du zue nim, für ne z tröschte: «Gällit, Herr Pfarrer, das isch furchtbar», heig dä zue nim gmacht. «O Gott, o Gott», heig dr Pfarrer gjammeret «me muess halt alls wider ersetze... Aber miner Predigte, mis ganze Läbeswärch, o jere, o jere!» Da sägi dr Puur zue nim: «Ja, gällit, so trocheni Ruschtig brönnt halt äbe guet.»

O Pfärrer si nume Mönsche. Das isch wahr. Aber de sötte si sech nid i Züüg iimische, wo nidemal iig nachechume. Nidemal d Politiker. Überhoupt niemer weiss nämlech, was men exakt müesst mache – d Chilche sicher am alleriletschte. Das isch haargenau dr schpringend Punkt, Röbu. Sicher hesch's ja o gseh, das, was dussen überem Pissoir aagschriben isch?

Nid?

De muess es no relativ früsch si.

«Asylanten raus!» heisst's dert.

Das isch ender gseit als gmacht... Derzue hei mr wi gseit no sövel vil Arbeitslosi, unzählegi Drögeler u süsch Invalidi – u all di Schtudänte, wo dr Staat ja es Vermöge choschte. Wo vilicht nie ufem Bruef wärche.

Lue zum Bischpiil numen all di Dökter. Füüfhundert Lüt müesse für so einen ufcho – u für däm si Luxus. Guet, dere bruucht's öppe no. Wär hätt mr de süsch mini Proschtata operiert? Das wär ja scho ne Seich gsi. O das mitem chronische Gringweh. Aber wi gseit – all di Invaliden u Arbeitslose? Wär luegt de zu dene? Wär zalt de das Züüg? Bis zletscht wärchet de öppe niemer meh. Mir si doch blöd im Grund gno – meinsch nid o, Röbu? Mir chönnte ja o eifach üse Plunder la ligen u jede Tag i d Chilchen es Cherzli ga aazünte, ga schpazieren u ds Gäld vo frömde Lüt verchlepfe!

Cherzli aazünte... Bi üüs macht me das a dr Wienachte – u dermit baschta. U weisch, was die eismal no gmacht hei?

Mit ere nigelnagelnöie Videokamera heige si das Bubele i dr Chilche gfilmet. Dr Sigrischt sig grad derzueglüffe.

U wär zalt die ganzi Usrüschtig? Du un iig – u üsi Mitbürger. Emel iig hätt ke Gäld für so nes Glump, migottstüüri nid.

I verschtah üse Chilchgmeinspresidänt i däm Punkt überhoupt nid. Di müess me la mache, di heige dänk öppe Längiziti – u ihrer Lüt deheimen o. Drum tüege si ihrer Ching u süsch allergattig Züüg filme, dass si's chönne heischicke, dass die dert würde gseh, wi si's hie öppe heige. Aber das sött me nach mire Meinig sofort verbiete. Das zieht doch grad e Räblete nöii Asylanten aa, we si gseh, wi mir's i dr Schwiz hei, wi feudal u gäbig...

U wäge de Cherzli – heig dr Presidänt gseit, dass me se i Gotts Name müessi la mache. Di sige drum kartholisch oder Hindumischte oder was Cheibstonners.

U weisch du, Röbu, was mir si?

Nid?

Blödi Lööle, das si mr – u zwar dür ds Band ewägg...

I wett de gärn zale!

Munimälchers

Hackbrättlis, Nasetröpfelers, Grabeschnuzes, Mäugä-
gus oder äbe Munimälchers – das si so vo den usgfall-
nigschten Übernäme gsi, wo's gä het i däm verschlafe-
ne Dorf Blattewil. Wi ne vollgfrässene Löi plegeret's a
de Häng vo Gurnigel u Zigerhubel; im Hintergrund
schtöh Gantrisch u Nünene, quasi als Wächter, schtei-
herti Zügen o vo däm, was zu ihrne Füess sech män-
gisch abgschpilt het.

We albe dr Löi di alti Choscht verdouet het gha, het
sech dr Hunger aafa mälden u Magen u Därm – na-
türlech o dr Chopf inbegriffe – hei aafa rumplen u
nach witerer Choscht begähre. U de isch er ufgschtan-
ge, het d Ohre gschpitzt u nach Opfer Usschou ghalte,
nach settigne, wo sech's de o glohnt het, usenangere z
näh, sen uszbeinlen u z seziere.

U äbe – dasmal si Munimälchers a d Reihe cho – wi
we das grad nüt weder sälbverschtändlech wär, dass si
di Gschicht zu allem angere zueche o no grad hätte gha
z chüschten u z schlücke.

Es isch wahrhaftig e ghörige Broche gsi, u dr Godi, dr
Familievatter – notabene vo sibezäh Ching –, het no
mängi Wuche lang drannen ume gchöiet u gchätschet. Wi
gseit – mit sövel vil Ching, da het me sintemale gwüss
müesse husen u guet luege, wi me dürechunnt u wi me sen
i dr Wonig tischet oder häreleit. Das isch am Aabe vor
allem geng so ne Sach gsi: d Gumodeschubladene läär-
mache, sen usezieh un i de Zimmer verteile – als Gliger.

Da het's kener Fäderchärnmatratzene gä, sondern settigi us Lische, derzue no alti Militärwulldechine zum Zuedecke. Henu, dr Tag uus isch's öppe so gange. Bi jedem Wätter isch das Gficht albe dusse desumeghüschteret. Di eltere vo ne hei bi Puren es Plätzli gha, dass si emel am Mittag afe vo dr Choscht cho si.

Äben itze – das Unglück – me cha nim mit Fueg u Rächt wohl eso säge – isch uf dä Wäg derhärcho:

Lineli isch zmitts i de Gumodeschublade gsässen u het ärschtig amene Tschööpli gwärchet. D Nadle hei nume so gchlefelet u gchlingelet. Es het vil Ruschtig bruucht für dä gross Nachwuchs. Un ungsinnet, ganz unerwartet, isch no ne witere Näschtlibutz aagschtange. Drum het o alls Guetmeine vo de Frouen im Dorf u wit drüberuus nid möge recke, für allne Bedürfnis grächt z wärde. D Mitglieder vom Froueverein – u für dä schpeziell Fall o ds Missionslismerchränzli – hei gar nie nachemöge mit Chleider machen u bsorge, so het Lineli scho wider es blutts Wäseli i den Arme gha, wo nid nume nach Milch grüeft, sondern o nachere warmen Aalegi gschroue het – he, ja, so usem warme Buuch use, plötsch! – zmitts i di chalti Wält reschpäktive Schtube...

Me het us alte Barchetliintüecher Wingle gmacht, us de chuum treite Röck vo dr Frou Notar schöni Chinderchleidli. Us dr Blätzlidechi, wo eismal d Beckersfrou bracht het, het's gäbigi Bébéröckli ggä.

Wi gseit, ds Lineli het gwärchet – vo eire Tagheiteri zur angere u äbe meischtens no ne Chehr lang Nachtwach gha, zmitts i de Schubladegutschi inne, bis ds Ränggele, Mürmen und Sürmlen i dene Chischtli langsam ufghört het, me di Gschöpfli het chönne ghöre d Nachtluft inezieh u fridlech pfüsele.

Natürlech, das hätte mr bimene Haar vergässe: Nid alli hei Platz gha i dere «Gumoderia». Di eltischte vo Rieders, so hei si nämlech richtig gheisse, di hei ufem Höibüneli oben es äxtranigs Iigricht gha, e behälfsmässige Verschlag, äbefalls verseh mit Lischeseck u Militärwulldechine, numen ohni Gumodeschubladene...

Lineli het afe chli läng a d Uhr übere gluegt. Beid Zeiger hei itz bolzgredi ufe gwisen u ds Zitli het aafa schlaa, was es het möge häregä.

«Wo äch dä Godi wider isch?» het Lineli gsüüfzget u bhüetis nid zum erschte Mal Angscht übercho.

Exakt: Im «Löie» isch er ghocket, dr Godi. Nid dass er e Gleseler gsi wär, bi witem nid. Aber är het eifach Gsellschaft u Gselligkeit gschetzt, emel zmingscht bis es deheimen i de Schublade Rueh ggä het.

Hingäge hütt het er scho chli Öl am Huet gha. Siner Goofe heige d Lüüs i d Schuel bracht, het's am Wirtshuustisch gheisse – u die chömi prezis vo ihm. Die sigen im Bluet u tüege sech vererbe. Je nach Jahreszit würde si de läbig, graaggi uf ds Mal innevür z düruuf i Gring ufen u chömi schliesslech zu de Poren uus, tüege sech äben i de dräckige Haar iinischte, frässi vorewägg alls furt, wo nen i Wäg chömi, bis de o siner Goofe scho mit Glatzene tüege desumeloufe.

Jä, ja! D Lüsetante heig ganz ghörig Lärme gmacht un Alarm gschlagen im ganze Dorf!

Was är chönni mache?

He, di Tante chömi de morn scho no zu ihne hei, das sig afe ganz sicher.

Da müess me grad ds ganze Huus desinfiziere u notti o ussevür komplett abschprützen u nöi verchleide... U was är, grad so füre Momänt, quasi als Sofortmassnahm, chönni ungernäh, das sig innenabe desinfiziere u di Tierli mit Fendant ersüüffe...

Godi het nüt derfür chönne: är isch nid mängs Jahr i d Schuel gange. Geng het nen angers Züüg intressiert weder em Lehrer si Ruschtig. «Mit Geographie chasch ke Schwiren iischlaa, mit Religion ke Chue mälchen u mit dr französische Schprach kener Ching uf d Wält schtelle!» So het er de öppe verschmitzt umeggä, we ner isch uszäpflet worde.

Henusode.

Zmingscht zwee Halbliter Wiisse bruuchi's, hei di Kumpane de brichtet, süsch verräbli di Viecher nid.

Apropo Chöschte: Si wölle das Heilmitteli scho zale. Das würde si vo Härze gärn mache, wüll's ne scho tonners zwider wär, sälber über churz oder läng mitem nen abdeckte Dach desumezloufe.

Godi het zgrächtem düregschpüelt u glii druuf weder Gix no Gax meh chönne mache. Nach Wirtschaftsschluss si ihrere paar no zu Häumu hei. Dä het nüt z förchte gha – si Frou isch längschtens furtglüffe gsi u di Jungen usgfloge – für geng.

Bi Häumu isch di Lüsevernichtigsprozedur du richtig no einisch über d Büni ggange, bis all Fläsche läär gsi si u dr jung Tag langsam voll worden isch.

«Es isch Mälcherszit», het Häumu gwauschtet u si Chüejermutz gsuecht.

«Dir chöit mr grad cho hälfe, we dr mi scho schier z arme Tage gsoffe heit!»

Si si i Schtall use plampet u hei dert Godi ds Mäl-
cherschämeli aagurtet. Dr eint oder anger het es Pfup-
fen u Grinse nid chönnen ungerlaa.

«So – itz chunnt dr zwöit Teil vo dr Therapie», het
Häumu witer gholeiet. «Chumm, Godi, i rüschte dr afe
d Flören aa. Das isch ganz e Freini u Gäbigi u het ganz
bsungeri Milch… Muesch de grad sofort e brave
Schluck us dr Mälchtere hingerekippe – so vo wäge de
Lüüs…»

Godi het gfolget – o no denn wo d Flören ihres Hin-
gerteil ulidig umegschlingget het. Wo ner aber d Zitze
het wölle zwüsche d Chnödli nä, da het er gmerkt, dass
d Flöre numen eis so Dingsda het… un im glichlige
Momänt het's grad vo sälber aafa schprütze. Nid Milch
isch obenabe cho, sondern en Art Fendant. Drufabe
het's aafa räblen u chrisaschten i däm Schtall inne, de-
rewäg groblochtig, dass die Manne chopfsvoraa ds
Wite gsuecht hei, heisst das, was gisch was hesch en
Ort hei si gsuecht, wo se vorem Muni gschützt het.
Dr Jakob, so het dr Muni gheisse, het sech nümme
gschpürt vor Töibi, isch Amok glüffe, zmitts dür Häu-
mus Gmüesgarte düren i d Härdöpfleren übere – u wi-
ters Richtig Dorf abe. D Manne si däm verruckte Sirach
hingernache techlet oder torklet oder plampet – grad,
was no isch müglech gsi. Häumu het dr Jakob nachzue-
che bim Dorfbrunne bimene Haar möge gschtelle. Aber
nume fasch. Dä het vo nöiem usgschlagen un isch uf
Häumu losgmunet. Däm isch nüt angers übrig blibe
weder ds Päch z gä u sech i Brunne z rette.

Ds ganze Dorf isch natürlech erwachet ab däm Hei-
delärme. Chuum öpper, wo's nid exakt gseh hätti u o

nid exakt über alls zäme hätt gwüsst z prichte – u no hüt redt me dervo. Ob Häumu mit eigeter Chraft usem Brunne het chönnen u wider trochen isch, das weiss i hingäge nid – o nid, wo dr Muni isch. Öpper heig ne schiint's dr Tag druuf no ufem Üetedorfbärg wölle gseh ha...

Vilicht isch er no witer – Richtig Thun... Ne-nei, mit Beschtimmtheit nid a Munimärit, aber a nes Plätzli, wo me ne nie meh mitere Chue verwächslet het.

«Für was läbt dä eigetlech?»

Itz isch si verschwunde – d Sunne...

Schier dr ganz Tag zum Fänschter useluege... Oder i Fernseh ine gaffe wi nen Ölgötz... «Verlüür nume dr Muet nid, muesch geng vorwärts luege u nid rückwärts. Muesch eifach dr Chopf ufha.»

Ja, miseel. I würd lieber d Bei wider chönnen ufha u bruuche – u di rächti Hang. Dr Chopf ufha! Das cha ni ja. Wenigschtens das no. Dr Chopf, dä cha ni no bruuche, glücklecherwiis. Süsch würde si mit üsereim ja mache, was si wei. We me ke Gäld het u kener Hüser – u nume grad d Ränte, de isch me niemer u nüt. Wenigschtens muess i afe kener Alimänt meh zahle. Das isch o öppis. U mi Schwöschter luegt ja gwüss guet zue mer u plünderet mi nid uus. We si nume nid wider hüratet, süsch müesst i äuwäg i nes Heim oder weiss nid was.

Drü Jahr isch's här – sit em Unfall. Zersch si si regelmässig cho, di Verwandten u d Kollege – derzue geng no mit allergattig Ratschleg. Das chunnt scho wider, emel e Blätz wit. Muesch nume d Hang ghörig träniere, dass d Muskle nid schlaff wärde. U d Bei probiere z bewege... Stungelang ha ni güebt. Mit Bälleli, Öpflen u Orangsche ha ni d Hang träniert. Aber es het nüt abtreit.

Ja-ja. Itz chunnt chuum meh öpper – un a ds Moralische dänkt o niemer. Mit Valium u Rohypnol isch's de o nid ewig gmacht...

We ni nume wider einisch so total hundemüed chönnt wärden u dernaa ganz normal pfuuse, wi früecher albe, wo ni würklech schier jeden Aabe todmüed vo dr Sagi heicho bi.

Das si no Zite gsi, potz Blitz abenangere!

Itz chunnt er scho wider mitem Bschüttifass derhärzfreese, dr Miggu, dä Juflicheib! Bis es nen einisch ab sire Bännen abe ruesset! Was hätt er de dervo? Oder i ds Bschüttloch abe tätscht – uf ds Mal! Derbi wär's ja verbotte, ufe gfrornig Bode z bschütte – zmitts im Winter. Aber dr Miggu het geng si Gring gha u gmacht, wi's ihn richtig dünkt het. Mitem Chopf dür d Wang, o we dr Tüüfu uf de Schtälze chunnt, das isch dänk si Läbesgrundsatz. Bis uf ds Mal öppis passiert bi däm ewige Hetzen u Jufle. Het dä doch letschts Jahr derewäg chönnen erbe, dass es eim schiergar trümlig wird. Aber är gseht offebar geng no nid gnue!

Für was läbt dä eigetlech?

Techlet dür ds Läbe – ohni dra z dänke, für was.

Dänke, nei, besser gseit nachedänke, das ha ni di letschte Jahr düren i dr Ornig glehrt. Sött nume nid geng grad eso i ds Grüblen inecho. Eigetlech nützt's ja nüt, geng numen i dr Vergangeheit umezschtochere, das weiss i scho. Aber das chunnt eifach, das schtosst eifach uuf wi ne suure Brate – ob itz eine wott oder nid. Es hätt ja o angers chönnen usecho. De würd i itz nid da hocke wi ne vertschäggerete Sagbock, wo me für nüt meh cha bruuche, u d Zit z todschlaa.

Di verdammti Raserei uf üsne Schtrasse! Nid dra dänke! Nid dra dänke! Süsch ha ni wider e schlaflosi Nacht.

Das git's ja nid! Scho wider chunnt er, dr Miggu – wi us der Kanune gschosse... So sälbverschtändlech, eso, wi we's nüt angers würd gä uf dere Wält weder si Bschütti. Geng nume hü – u hopp i d Hose! I bi ja e Blätz wit ähnlech gsi. Aber nid grad eso extrem wi dr Miggu, wo nume chrampfet u sech sälber nüt gönnt. Was het er scho dervo? Vilicht isch er schtändig uf dr Flucht vor de Problem, wo ner mit sire Frou u de Ching het? Chönnt sauft si. He ja, we eini scho so süchtig isch, dass si im Konsum e Fläsche Chrütter muess chlaue, wüll me re a allnen Orte dr Schnapshane zuedräit het? Oder vilicht isch's ja umgekehrt? Vilicht ploderet si, wüll ihre Maa nie Zit het für se?

Henuja. Das isch ja o nid mi Sach. Um mii kümmeret sech ja o chuum öpper – un um ds Schnapse wär's mr öppen o scho gsi – we ni nid e verblitzgete Mage hätt vo dene vile Schmärztablette, wo ni ha müesse schlücke. U gnützt hei si uf d Längi usen o nümme vil. Öppen einisch es Glesli Rote, das ma's verlide.

Mou. Itz schneit's... I ha's no dänkt, wo vori di Schtoubbete a dr Niesechötti na derhärcho isch. U chalt muess es dusse si, we's mi ja no hie innen a d Bei un a d Häng früürt. Wo zum Schinter isch äch d Blätzlidechi? Ds Trudi het sen öppen usgschüttlet u glüftet u dunger vergässe...

We nume di Schtäge nid wär! Geng muess i aben aalütte, we ni öppis nötig ha. Di angeri Glogge bruuchen i ja scho lang nümm. Es wideret mi a. D Grossmuftine u d Millionäre hei ihrer Lüt alben uf die Art u Wiis umedirigiert u schigganiert. Das geit mr eifach gäge Schtrich. I ha das nie chönne, i ha mi geng müessen ungerzieh, scho als Ching, när i dr Lehr un i dr Bude. Un es het mr komischerwiis gar nie eso vil usgmacht. Das chunnt mr sehr wahrschiinlech i mire gägewärtige Lag scho no z guet. Natürlech ha mi o chönnen uf die Hingere schtelle, we's um Ungrächtigkeite gangen isch. Hüt dörfe si nüt meh sägen u müesse sech ducke. Süsch heisst's grad sofort u dütsch u dütlech: «We's nech nid passt, de chöit dr ja d Finke chlopfe. Dusse warte zmingscht hundert, wo froh wäre für das gäbige Pöschteli.»

Ja, wi gleitig cha's ändere, wi gleitig chasch usgmuschteret wärde, eifach usgschoubet un uf ds Abschtellglöis gschobe. Besser gseit: Wirsch nid emal meh gschobe, muesch no das sälber mache. Aber itz bi ni scho wider i ds Grüble cho. Es isch nid z vermide.

Ach, was... I nime doch afen es Glas, o we's ersch drü isch. Öppis muess i ja o ha, wo mr di ganzi Ferggete chli liechter macht – we scho d Tablette nümme wei würke wi albe. Schliesslech hei mr bim Jassen u Diskutiere o geng öppen es Halbeli gha oder zwöi. Oder es Bierli vor em Schrebergartehüsli, bim Cheglen oder nach dr Büez. Das si no Zite gsi! Ja-ja, tempi passati. Da dermit isch ja o fertig. Derbi ha ni ja für ds Läbe gärn geng öppis gchrouteret, u wi mängem Kolleg ha ni am Samschtig ghulfe wärche, we ner sälber öppis usboue het. Das Baschtlerzüüg, wo si mr i dr Therapie hei wölle biibringe, 's isch mr z Dräck verleidet. Di ganzi Zit mit dr lingge Hang di blöde Schteimanndli aamale u angere Krimskrams – das isch doch für Chindergärteler, nid für ne mündige Bürger. Mira, wär Fröid het dranne – iig uf all Fäll nid. I bruuche doch nid Schteine zum Aarüere, i bruuchti öppis Läbigs. Aber – chasch ja nid eifach d Lüt abtaschte, we si da ine chöme, oder? We si überhoupt chöme. Süsch heisst's no sofort: «Du mini Güeti, isch das doch en elände Glüschteler u Chafli. Aber was wott so eine süsch mache?» Oder me hätt Beduure mit mr i dere Sach, wi sech das öppe so ghört em nen Invalide gägenüber. Ja, Chrigu het's einisch uf dä Wäg usdrückt. Chrigu, wo süsch no so Verschtändnis het... Wi wär's zum Bischpiil mitem ne Büüssi? Nid eis us Plüsch, wi mr's d Schwägeri eismal bracht het: «Sä, da hesch öppis zum Wuuschen u zum Finger träniere.» Nei, öppis Läbigs wett i. Aber wär luegt mr de i dr Ornig derzue? D Schwöschter isch vilszit ja o nid da. Nei, di het ja e kurlige Chopf gmacht, d Schwägere, denn wo re gseit ha, i sig kes chliis Gvätterliching meh, si chönn das Züüg grad wider mitnäh. Mängisch muess me halt Fraktur rede, o we's di angere no so guet meine. I bi gliich no öpper... Geng no...

Das git's bigoscht doch nid! Scho wider dr Miggu! Dr ewig Jud! Vilicht isch doch uf ds Mal eini vo dene Fahrte sini letschti – i ha da mängisch so nen Ahnig.

Vergässe mr's u nämen afen e Schluck. I ha hüt ja nid grad dr bescht Tag – u derzue ersch no das Souwätter...

Hasegasse-Häum

Zmingscht zwöimal heige si dr Rouch gsiblet, bevor si ne zum Chemi uus un i di höcheri Wält useglaa heige...

So oder ähnlech het's Hasegasse-Häum emel alben usdrückt, we ner vo sine Pflegeltere prichtet het.

Är isch gar e Schüüchen u Zrüggzogene gsi, dr Wilhälm Aegerter. Aber we ner – u das isch schier jede Tag vorcho – e Schütti Geischtigs het abegläärt gha im Wirtshuus, de het ihm das d Zunge losbunge, un er het fei eso dr Chnopf uftaa, het aafa verzellen u dischpidiere.

Geng wider isch er nach ere beschtimmte Zit u nach verschidene Schlängger un Usfahrten i sine Reden uf ds glichlige Trom cho, uf öppis, wo ne nie meh losgla, wo ne sir Läbtig wi ne böse Schatte begleitet, vilszit o richtiggehend verfolgt het: sini Zit als Pflegbueb, besser gseit als Verdingching bi meh weder usgchocheten Uflät u Gizgnäpper – wi ner's geng wider verbissen u voll vo uguete Gedanken u Gfüel het vo sech gä.

Ja – u itz isch Hasegasse-Häum uf dr Pritsche gsässe, ire Zälle vom Ungersuechigsgfängnis. Är het Krach übercho gha mitem «Löie»-Wirt, wüll er nümm het chönne zale; dä het Häum usekomplimäntiert – u wo ner em Befähl vom Wirt nid nachecho isch, het dä nen eifach d Schtägen abe gschtosse. Häum het Rach gschrouen un ire heillose Wuet schliesslech d «Löie»-Schüür aazüntet.

Zum Glück het a däm verhängnisvolle Fritig d Füür-
wehr grad Üebig gha un isch derdürwille sofort ufem
Brandplatz iitroffe, reschpäktive e ganzi Tschuppele lä-
bigi Füürlöscher isch scho parat im «Löie» ghöcklet.
Bloss es paar Schtrouballe si em Füür zum Opfer gfal-
le – un en Egge vom Dach...

Schiergar wi nes Filmband isch itz ds Läbe vor
Häums Ougen abglüffe, aber o i sim Innerschten inne
het's gsüngget u blüetet! Siner Chindheitserläbnis si uf-
gschtige!

Vierjährig isch Häumeli gsi, wo d Muetter gschtor-
ben isch. Bim Härdöpfelufläsen isch's gscheh, wo
d Muetter uf ds Mal d Hang uf ihres Härz drückt u sech
gchrümmt het: «Muess i äch schtärbe?»

Si isch zämebroche. U glii druuf het me di toti Muet-
ter ufem ne Brügiwage müesse heischtosse.

Nach paar Wuche si di acht Ching zu frömde Lüt ver-
teilt worde.

Häumeli het's zu re Sattlerfamilie preicht, zu Glou-
sers im Diemtigtal. Dert het er's guet gha, het vil Liebi
u Verschtändnis dörfen erfahre.

Churz nachem Iischribe für d Schuel isch dr Bueb
ganz plötzlech abgholt worde. Är het nid emal rächt
chönnen adiö säge, so gleitig isch alls vor sech gange. I
ds Eriz isch er verfrachtet worde – ufe nes grosses Hei-
met, als billige Chnächt.

Liebi isch vo itz ewägg es Frömdwort gsi u blibe für
ihn. Frili isch dr Vatter all drei Mönet erschine – für cho
z zale. U de het er em Bueb albe no nen Äxtrabatze zue-
gschteckt. Aber chuum isch dr Vatter furt gsi, het Häu-
meli das Gäld müessen abgä.

120

O i dr Schuel het dr Verdingbueb meh weder e bösi Läbtig gha, isch glii einisch zum Sündebock gmacht worden i sire Klass, het dr Chopf müesse häreha für Lumpeschtückli u Gounereie, wo angeri verüebt hei.

D Lehreren isch zwar nid e leidi gsi. Si het ihm albe d Füess pflegt, wüll er wäg sine Holzböde, wo ner übrigens bis zu dr Konfirmation het müesse trage, Blaatere, Blätzen un Usschleg übercho het. Oh – wi het das albe wohl ta – di fiini u liebi Hang z gschpüre – we o numen a de Füess...

Ja-ja, dennzumale het me ds Schuelmaterial no sälber müesse zale. Es Gütterli Tinte het füf Rappe gchoschtet, äbefalls für nes Füfi het's drei Schribfädere gä. Jedesmal, we dr Häumi es Füfi bruucht hätti, het's deheimen e zetermordio Sach abgsetzt. So het dr Bueb sech halt nümme trout z frage für Gäld u het bi dr Lehrere Schulde gmacht. Di het ihm de o so öppis Ähnlechs wi ne Schuldbrief usgschtellt, wo's zum Bischpiil gheisse het: «Wilhelm Aegerter schuldet der Lehrerin Eva Nöthlig 5 Rp. (in Worten: fünf Rappen) für den Bezug von einem Fläschli Tinte.»

Das het em Häumi ds Läbe eländ schwär gmacht; vilszit isch's würklech gsi zum Verzwiifle. Är het geng wi hüüfiger dr Schlaf nümme gfunge, het sech schuderhaft es Gwüsse gmacht, dass er siner Schulde nid het chönnen abzale.

Einisch, wo ner i d Chäserei isch, het er di Schuldbriefe mitgno. Irgendwie het er sen eifach müesse loswärden un ändleche vergässe – irgendwie. So het er eine nachem angere über ds Brüggli uus i Bach abe la flädere. D Lehreren isch es paar Mönet schpäter furtzüglet – u dermit isch o die zäntnerschwäri Lascht vo Häumis Seel gwiche.

Niemerem weder em Ringgu, em Chäsereihung, het dr Bueb albe vo sim Chummer chönne verzelle.

Nach dr Schuelzit het Häumi übrigens no nes Jahr lang am glichligen Ort müesse bliben u wärche, heisst das, ds Konfirmationschleid het er müessen abverdiene. Schpäter het er vernoh, dass si Vatter das Chleid zalt het gha u dass dr Chleiderhändler, wo denn no vo Huus zu Huus gangen isch, vo Häumis Meischter nie e Rappe für di Bchleidig gseh het.

Zmitts i dr Nacht u mit em ne Zwöifränkler im Sack isch Häumi uuf u dervo. Är het z Bärn e Schtell gfungen als Uslöifer, i re Metzgerei; e purlutere Glücksfall – zmitts i dr Wirtschaftskrise. U wüll er meh weder schitteri Chleider gha het, wüll er scho am Morge – bevor's het aafa tage – mitem Velo ufe Chehr het müesse, het er glii emal e Lungenentzündig ufgläse. Aber us Angscht, är chönnti d Schtell verlüüre, het er nüt la verlutten un eifach witergwärchet – bis er zämebrochen isch. Lang isch er im Inselschpital gsi – drufabe no i re Kur z Heiligeschwändi, drei Mönet lang. U dr Ufenthalt im Schpital un im Kurhuus isch di schönschti Zit gsi im Läbe vo Häum. So het er's jedefalls geng bhertet.

Schwächlech u gebrächlech isch er när ds Läbe lang blibe. Hie u dert het er sech als Chummerzhülf nützlech gmacht, aber isch nie u niene so richtig sässhaft worde.

Geng wi meh isch ihm ds Wirtshuus zu ren Art Heimat worde, dernäben es paar Kumpanen im «Löie» – emel solang, dass er het chönne zale, u de zmingscht zwo oder drei Rundine pro Aabe, süsch hei si Räbel gmacht. O d Froue si nim ender uswäggange, d Ching hei nen usgfötzlet, we ner einisch meh mit runden Absätz ds Dorf uuf gwaupelet isch.

Glücklos isch e Bekanntschaft gsi mit ere Witfrou, wo vier Ching gha het. Wo si gmerkt het, dass Häum zersch im verschleikte u glii druuf wider ganz unschiniert het aafa mämmele – scho am Morge zum Ufschtah –, da het si ne la gheie wi ne heisse Härdöpfel.

Hunderti vo so Bilder si em Häum no einisch vor den Ouge düreglüffe – o settigi, wo me gar nid cha beschribe, derewäg grässlech si si gsi. Uf einisch aber si di Bilder häller worden u warm – wi dür nes Wunder. Häum het ganz wit ewägg sini Muetter gseh, wi si ihn als winzigs Buebli a ds Härz drückt, di tröihärzigen Ouge vom Ringgu, d Schuldschiine, wo i Bach abe flädere u dervoschwümme – für geng…

Am nächschte Morgen isch Häum tod uf sim Bett gläge – i dr chliinen un änge Zälle vom Gfängnis. Usem Gfängnis vo sim Läbe aber het er sech befreit gha.

Das het o dr Sunneschtrahl verchündet, wo mit sim Liecht ds Gsicht vo Häum ganz süferli gschtriichlet het.

Bi dir bräntelet's!

Hie isch ds Erna. Sälü Dori! 's isch scho grad e reine Glücksfall, we me di einisch verwütscht am Telefon. Geng isch bsetzt.

Wi geit's o geng?

Mir o nid eso.

Nüt weder Erger un Ufregig. Dasch doch ds letschte Gsindel hie i däm Huus. Was i eis desumetelephoniert ha wäge dere Meiere – es geit uf ke Chuehutt ufe. Vo de Chöschte gar nid z rede. Nie im Läbe hätt i dra dänkt, dass es so verdräiti Häägge git uf dere Wält. Ha geng no öppis Guets gseh a jedem Mönsch, aber irgendwo hört halt de d Guetmüetigkeit scho uuf... definitiv.

Het doch die ds Tupee gha, ihres Büüssi abzschlaa, nume wüll's chli vor üsere Wonigstüüre ggrauet het. O ne Chatz cha sech dänk einisch im Stockwärch tüüsche. We scho vil Lüt nümme wei wüsse, weles dass d Türfalle vo ihrer Wonig isch! Aber i ha ender ds Gfüel, das Tier isch gflüchtet vo dert. Rammlig isch es emel nid. Nid zu dere Jahreszit. Da isch's de dr Meier ender, u zwar zu jedere Tages- u Nachtzit, dä Glüschteler. Was cha nes Tierli de scho drfür, we eini schtändig Krach het mit ihrem Hächu. Die würd gschider däm alben einisch eis tunzen u säge, wo Gott hocket.

Aber nei, me laat's amene unschuldige Tierli uus, wo hinger u vor nüt drfür cha. I bi druff u dranne gsi, die Tierquäleren aazeige. Aber i schüüche das Gschtürm mit de Behörden u zletschtamänd ziehsch gliich no dr chürzer. Ja-ja, derigs passiert imene freie Land wi i dr Schwiz. Da wird am Fernseh praschalleret über Friden u Grächtigkeit, u handchehrum passiere de derigi himeltruuregi Sache.

I ha ds Negerli probiert z tröschte, ha nim zuegredt u's gschtriichlet. Aber es het e komplett iigschtuuchte, depressiven Idruck gmacht. Emene Tierli chasch doch di Zämehäng gar nid erkläre. Un es isch en altbekannti Tatsach: Wenn öpper d Tier hasset, de hasset er o d Mönsche.

Aber d Meiere chunnt scho no a d Kasse, äis isch ganz sicher.

Exgüsee, Dori, aber i muess gschwing ga d Röschti chehre, süsch bräntet si mr bigoscht aa – u dr Kurt wär de gar nid zfride mit mr. Du kennsch ne ja o nume z guet, dä ewig Choleri. Usehöischen isch sini Schterchi – u öppe no ds Schiesse...

So – da bi ni wider.

I frage mi scho langsam, was das Läbe no für ne Sinn söll ha. Nüt weder Erger u Verdruss. Vom Morge bis am Aabe Hushaltig u no einisch Hushaltig. Am Morge bim Furtgah macht dr Kurt e Trümel, am Aabe, we ner vo dr Büez heichunnt, macht er geng no ne Trümel, ma mr chuum ds Muul gönne. Über ds Wuchenänd isch's meischtens no schlimmer, faschgar nid zum Ushalte. Emel denn, we mitem Schiesse grad nüt los isch.

Früecher ha nis o nid begriffe, das wäge de Sälbschtmorde. Aber hüt scho. Geschter isch im «Blick» wider e Pricht gschtange vo re Frou, wo sech, zäme mit ihrne zwöi Ching, ds Läbe gno het im Wald usse, mit angerne Wort, ds Abgas i ds Outo inegreiset het, bis isch fertig gsi...

126

Schier all Tag lisisch ja so öppis Verruckts.

Da schtimmt doch öppis nümm mit de Lüt, oder?

Wie?

Nei – gwüss nid, i bi ke Schwarzmalere. Da bisch itz würklech ufem Holzwäg. Chasch ja froh si, dass d' nümme ghürate bisch. Das tönt hert, isch aber bigoscht wahr.

Du weisch ja, was i scho alls usprobiert ha – u geschter seit mr dr Husarzt uf alls ufe no, es wär wohlöppe ds Gschidschte, we ni dr Kurt würdi nä wi ner sig. Papperlapapp. Het dä en Ahnig! Dä het ne drum no nie so zgrächtem ghöre poleeten un uschehre. Bim Dokter macht dr Kurt jedes Mal lieb Ching – un iig schtah de als Bäsehäx u Ribise da.

So isch das Läbe.

We me däm äbe no Läbe cha säge.

Itz muess iig di aber gliich no hurti öppis frage, Dorli... Komisch – eh – was gigaaschet da bi dir schtändig hin u här? Exgüsee, dass i grad so grediuse frage, aber irgendwie bringt's mi druus.

So – am Glette bisch – u dr Hörer hesch uf ds Bügelbrätt gleit!

So-so.

Sövel bi dr no wärt!

Nei, da git's kener Usrede.

Am liebschte würd iig ja ufhänke. Ds Truurigen isch nume, dass i ussert diir gar niemer meh ha für mit ihm z rede.

Was?

Ja, sit dr sächste Klass hei mir Fröid u Leid teilt – un itz laasch du mii aaschiinend o no linggs la lige – schier wi dr letscht Dräck.

Ne-nei, bruuchsch di nüt z entschuldige. I ha mir Läbtig ja nüt angers gchennt als ungerdüren u dr Chopf iizieh. Muesch numen einisch das Buech läse vo dr – eh – Rosmarie Buri, so heisst si gloub – «Dumm und dick», de weisch nächär alls. Däwäg isch's o mir öppe gange, mit paarne chliinen Abwiichige.

Was?

Du hesch das Buech nid gläse? Das isch ds beschte Buech, wo's git. Üse Pfarrer heig schiint's zwar eismal am ne Vortrag gseit, är findi, d Bibel sig doch no um einiges besser.

Mira. I ha se ja nie ganz gläse. Aber «Dumm und dick» isch eifach usem Läbe griffe – da chunnsch du vor, da chumen iig vor.

Apropo Bibel...

Letscht Ziischtig si d Züge Jehovas da gsi. Kürtu het grad Überzit müesse mache. We ner deheime gsi wär, de hätt er di zwee äuwäg gringsvoraa d Schtägen ab schpediert. Religion macht ne jähzornig dass nüt eso.

Einisch het er o zweene, Hormone si's gloub gsi, e Fägchessel Wasser a d Bire gschosse – u wo si geng no nid hei wölle gah, isch er ds Gwehr ga abhänke. Ig sälber ha uf all Fäll mit dene Züge Jehovas no gäbig chönne rede...

Wie?

Ja, i ha ne zum Bischpiil verzellt wäge dr Chatz vo Meiers. Da hei si gseit, Tiermisshandlig sig hundertprozäntig sicher o nes Zeiche vom Wältuntergang, wo nächschtens würdi über d Büni ga.

U – übrigens, so Halungge wi dr Meier, di heige de da überhoupt ke Chance meh. Derig wärdi vom Tüüfu

128

a Ort u Schtell vertromet oder i d Luft gjagt. Da würd de ändlechen Ornig gmacht, da gäb's de e nöii Wält, wo ganz angers würdi usgseh als di hüttigi. Un im witere würde de bi dere Schlacht nume die mitem Läbe dervocho, wo i ihrem Verein sige.

Ehrlech gseit, es het vil Wahrs – un i bi scho am überlege, ob i nid doch däm Verein söll biiträtte.

Sicher, es bruuchi de scho no einiges, hei si gseit. Me müess i Vorträg u Versammlige, derzue e Huuffe Büecher läse müess me. Das isch mr, ehrlech gseit, scho weniger sympathisch. Gläse ha ni nie so gärn, das weisch du ja so guet win iig – no vo dr Schuel nache.

Heimatland – dä Kürtu wird scho no grossi Ouge machen u längi Ohre, we nim das alls zäme verzelle. Aber das isch mir hundewurscht. I muess ändlechen en eigete Wäg finge. U das wär vilicht scho öppis.

Wie?

Nei! Sicher nid!

I schpinne bombesicher nid! I ha z vil düregmacht u z vil gseh. I la mi scho nid la ineliime.

Was?

Bi dir bräntelet's? Schtärnebärg, du gloubsch es nid – aber bi mir o!

Heinz Stauffer
Vo nüt
chunnt eifach nüt
Bärndütschi Gschichte

Cosmos Verlag

Heinz Stauffer: Vo nüt chunnt eifach nüt
«Itz chunnt aber dr Schönscht. Itz müesst dr guet lose.
Ei Nacht sig dr Bögli plötzlech erwachet, wüll si Frou
so närvös gfägnäschtet heig. U wo ner du zgrächtem
wach gsi sig, da hocki die im Bett u heig d Bettfläschen
aagschtützt. Öppis Cheibs heig er ja schon lang gschpan-
net gha u dänkt, das sig itz scho meh weder kurios, dass
si Frou i dr Letschti geng über chalti Füess chlagi.»
Heinz Stauffers Geschichten «schauen den Leuten
‹aufs Maul› und decken in deren haargenau beobachte-
ten Ausdrucksweise mannigfache Zeichen der Lieb-
losigkeit, des Egoismus, der seelischen Blindheit auf».
(Charles Cornu, Der Bund)

Max u Moritz
bärndütsch

E Lusbuebegschicht i sibe Lumpestückli
em Wilhelm Busch nacheddichtet vom
Trischtan Tromsig

Cosmos Verlag

Trischtan Tromsig: Max u Moritz bärndütsch
«Süchle git's, mit Chöpf voll Flouse
rächt zum Schade vo Banouse.
Max u Moritz sy so Gselle,
wo weiss Guggers was aastelle.»
130 Jahre nach Erscheinen der Geschichte lümmeln
sich die weltberühmten Lausbuben noch genau so
frisch und frech und jetzt sogar in waschechtem Bern-
deutsch durchs Leben.

Theresa Schlup
La vie de rêve
Bärndütschi Gschichte
Cosmos Verlag

Theresa Schlup: La vie de rêve

«Was muesch o gäng uf Paris vagante», seit mer aube d Mueter, «du chönntisch doch z Bärn blybe u, wi au Lüt, öppis Rächts wärche u mynetwäge nach em Fürobe es Gschichtli schrybe, u überhoupt, du verdienisch doch nüüt!» Nachdem Theresa Schlup in ihrem vielbeachteten Erstling «Was würde o d Lüt säge?» von ihrem Schritt zur Verwirklichung eines langgehegten Traums erzählt hat, schreibt sie in «La vie de rêve» über den Preis, den sie dafür zu bezahlen bereit ist: sich einschränken, auf manches verzichten, nichts festhalten. 21 berndeutsche Geschichten, die die Autorin alle in Paris geschrieben hat.

Margrit Staub-Hadorn: Aues für d Chatz

Margrit Staub-Hadorn meldet sich in der Rubrik «Zum neuen Tag» von Schweizer Radio DRS dreimal im Jahr jeweils eine Woche lang zu Wort. Ihre Gedanken sind so unverwechselbar wie das Berndeutsch, in dem sie daherkommen. Es tut gut, sie schriftlich zu haben. «I, wo nie am Morge ds Radio aastelle und also no nie eso ne Gedanke live ha mitübercho, i lise die de albe am Aabe vor em Yschlafe für ds Läbe gärn. Da überchunt me grad schüst no das Sprützli Geischt, wo eim hilft, der vergangnig Tag z überluege und Muet z fasse für e nöie, so dass me nachär zfride cha d Ouge zuetue.» (Ruth Bietenhard, Der Bund)

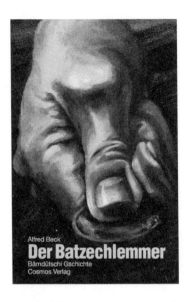

Alfred Beck: Der Batzechlemmer
11 Geschichten vereint der Band. Packend sind sie,
stets beste Unterhaltung. Erzählungen, die sich aus-
zeichnen durch starken, lebendigen Realismus, behut-
sam schalkhaftes Empfinden, Engagement gegen das
Lieblose und verkappt Grausame. Zum Beispiel die
Titelgeschichte: Was ihre Maa verdienet, das het d Frou
Tschumi nid gwüsst. Um ds Gäld heig si sech nüüt z
kümmere. Si überchömi ds nötige Hushaltigsgäld, u
dermit baschta! Doch da isch du öppis gscheh, wo em
Tschumi gar nid i Chratte passt het...

Eva Acrémann: Der Rosenängel

22 phantasievolle Geschichten in berndeutscher Mundart enthält das Buch, eine grosse Zahl davon hat Eva Acrémann am Radio DRS gelesen. In einer Zeit, in der Menschen den Alltagssorgen nur schwer zu entfliehen vermögen, die Hektik zum ständigen Begleiter vieler wird, laden uns ihre Geschichten dazu ein, einen Augenblick innezuhalten, zu verweilen, in dieser lauten Welt wieder vermehrt auf das Leise zu hören: die Liebe, das Vertrauen, die Zärtlichkeit, die Güte.